U0514635

我国股市领先滞后关系实证研究

朱天星　著

中国财经出版传媒集团
经济科学出版社
Economic Science Press

图书在版编目（CIP）数据

我国股市领先滞后关系实证研究/朱天星著. --北京：经济科学出版社，2022.11
ISBN 978-7-5218-4378-1

Ⅰ.①我… Ⅱ.①朱… Ⅲ.①股票市场-研究-中国
Ⅳ.①F832.51

中国版本图书馆CIP数据核字（2022）第223974号

责任编辑：李 雪 刘 莎
责任校对：隗立娜
责任印制：邱 天

我国股市领先滞后关系实证研究
朱天星 著
经济科学出版社出版、发行 新华书店经销
社址：北京市海淀区阜成路甲28号 邮编：100142
总编部电话：010-88191217 发行部电话：010-88191522
网址：www.esp.com.cn
电子邮箱：esp@esp.com.cn
天猫网店：经济科学出版社旗舰店
网址：http://jjkxcbs.tmall.com
固安华明印业有限公司印装
710×1000 16开 13.25印张 210000字
2022年11月第1版 2022年11月第1次印刷
印数：001—800册
ISBN 978-7-5218-4378-1 定价：59.00元
（图书出现印装问题，本社负责调换。电话：010-88191510）

前　言

许多文献表明，股票收益在短期水平上存在一定程度的可预测性。如单个股票收益存在正的或负的自相关（Fama，1965；French et al.，1986；Lo et al.，1990）；短期股票组合和指数收益存在正的自相关（Fisher，1966；Scholes et al.，1977；Dimson，1979；Cohen et al.，1980；Perry，1985）；股票组合收益间存在交叉序列相关：某一股票（组合）当期收益与另一股票（组合）滞后收益存在相关关系（Lo et al.，1988，1990；Brennen et al.，1993）。

罗和麦金利（Lo & Mackinlay，1988，1990）在研究反转交易策略收益来源时，发现大公司股票组合与小公司股票组合周收益间存在交叉序列相关。这种交叉序列相关是非对称的：滞后大公司股票组合收益与当期小公司股票组合收益间存在正相关关系，而反之却不成立，这被很多学者称为不同规模公司收益间的领先滞后关系，可见领先滞后关系是一种特殊的交叉序列相关。在随后的研究中，学者们又发现高交易量换手率股票组合收益领先于低交易量换手率股票组合收益（Chordia et al.，2000），在控制规模之后，这种不同交易量换手率组合收益间的领先滞后关系仍然存在，被称为交易量相关的领先滞后关系。

本书用协整分析、Granger 因果检验以及 VAR 模型等经典和现代经济计量学方法，从实证角度分别研究我国股票是否存在市场规模和交易量相关的领先滞后关系，其表现形式如何，如果规模与交易量相关的领先滞后模式不是相互独立的，那就说明在规模和交易量背后可能存在着更深层次的引起领先滞后关系原因。

通过将我国股票市场2011~2020年的交易划分为四个阶段：普涨牛市、结构性牛市、普跌熊市和结构性熊市。选取我国上海和深圳股票市场交易股票为研究样本，并分别构建大公司和小公司股票组合，研究不同市场阶段（牛市或熊市）下的领先滞后模式。研究发现在完全阶段小公司股票组合收益对大公司股票组合收益存在明显的领先滞后关系［不支持阿蒂亚斯（Atiase，1985）的差别信息集假说］。在普涨牛市阶段，大公司股票组合收益与小公司股票组合收益间不存在明显的领先滞后关系。在结构性牛市阶段，存在小公司股票组合收益对大公司股票组合收益的显著领先滞后关系。在普跌熊市阶段，存在小公司股票组合收益对大公司股票组合收益的显著领先滞后关系。在结构性熊市阶段，存在小公司股票组合收益和大公司股票组合收益间双向领先滞后关系，从显著性程度看，小公司股票组合收益对大公司股票组合收益的领先程度明显强于大公司股票组合收益对小公司股票组合收益的领先程度。进一步探究表明，在控制自相关的条件下，不同市场阶段的大公司股票组合收益与小公司股票收益间的领先滞后关系仍然存在，即主要表现为小公司股票组合收益到大公司股票组合收益方向的领先滞后关系。

通过构建规模-交易量[①]组合来研究控制规模条件下，探究高交易量换手率组合和低交易量换手率组合收益间的领先滞后模式。研究发现：日收益情况下，除了第二个规模组合，其余规模组合内自相关系数的和随着交易量换手率增加而递减；周收益情况下，在

① 本书我们用股票平均日换手率作为交易量的近似。

最大公司规模组合内部，自相关系数仍然存在随着交易量换手率增加而下降的情况，随着交易量换手率的增加价格调整速度加快。高交易量换手率组合收益领先于低交易量换手率组合收益，交易量和规模相关领先滞后关系有独立影响。

利用VAR模型分析控制自相关条件下，分析领先滞后关系与自相关的独立性。结果表明，在日收益条件下，在第一和第三个规模组合内，控制了低交易量组合收益自相关，高交易量换手率组合收益对低交易量换手率组合收益存在显著一阶预测性，说明领先滞后关系与自相关是相互独立的。在第二和第三个规模组合内部，低交易量换手率组合收益与高交易量换手率组合收益间存在双向领先滞后关系。从预测能力看，高交易量换手率组合收益比低交易量换手率组合收益的预测能力强。在周收益条件下，第二和第三个规模组合内部，高交易量换手率组合收益对低交易量换手率组合收益有显著的反向预测作用，说明在控制自相关后，领先滞后关系是显著的。

最后选择我国钢铁和房地产行业上市公司股票，构建钢铁和房地产的不同规模股票组合，探究行业关联在领先滞后关系中的作用。结果表明，房地产行业大公司股票组合收益领先于钢铁行业大公司股票组合收益。一定程度上反映了房地产大公司股票对上游钢铁产业的带动作用：房地产大公司股票包含的产业信息，需求增加，利润提高，导致对上游钢铁行业需求增加，进一步提高钢铁行业的利润，持有钢铁行业大公司股票的收益增加。房地产行业小公司股票组合收益与钢铁行业小公司股票组合收益间的领先滞后关系受到市场条件的影响，完全阶段的滞后1阶和3阶，存在房地产行业小公司股票组合收益到钢铁行业小公司股票组合收益方向的领先关系。在熊市阶段一，滞后3阶~滞后6阶，存在房地产行业小公司股票组合收益到钢铁行业小公司股票组合收益方向的领先关系；

滞后4阶~滞后6阶，存在钢铁行业小公司股票组合收益到房地产行业小公司股票组合收益方向的领先关系。在牛市阶段一、牛市阶段二以及熊市阶段二，房地产行业小公司股票组合收益与钢铁行业小公司股票组合收益间的领先关系不显著。

利用领先滞后关系的相关理论和模型，基于领先滞后比率（LLR）研究房地产行业上市公司股票的龙头股效应。结果表明我国房地产行业上市公司股票存在较明显的龙头股效应。通过回归 R^2 以及面板数据回归进行回测，发现龙头房地产公司股票收益对行业内其他股票收益的领先作用是显著和稳定的。

我国股市存在的规模和交易量相关的领先滞后关系对于指导个人和机构投资者投资行为、构建投资策略、进行理性投资以及发展定价模型有深刻的意义。

目　　录

第1章　引　　言

价格合并信息的方式是金融经济学长期以来主要关注的问题。资产定价理论一般考虑在无摩擦市场条件下的信息的即时、迅速地扩散。但是，最近40年来，越来越多的文献表明在短期上可以用股票的过去收益来预测当前收益，主要表现在如下两个方面：①短期组合收益的正相关是显著的，尤其对于小公司股票组合；②短期组合收益间存在高度的交叉序列相关，尤其是滞后大公司股票组合收益与当期小公司股票组合收益（Fama，1965；Gibbons et al.，1985；Lo et al.，1988，1990；Conrad & Kaul，1988，1989）。

罗和麦金利（Lo & Mackinlay，以下简称LM）在探究反转交易策略收益来源时[①]发现大公司股票组合的过去收益与小公司股票组合的当期收益是正相关的[②]，而小公司股票组合的滞后收益与大公司股票组合的当期收益却不存在这种相关性（这被后来的许多文献

---

① 在罗和麦金利（1990）研究以前，对反转交易策略收益来源的标准解释是单个股票收益的负的序列相关。如杰格迪什（Jegadeesh，1990）、扎罗温（Zarowin，1990）、法和弗兰奇（Fa & French，1988）、莱赫曼（Lehman，1990）、陈（Chan，1988）以及德邦特和塞勒（DeBondt & Thaler，1985）。

② 罗和麦金利是通过构建如下的组合：权重与每一个股票的过去收益成反比的组合减去等权重股票组合，这样可以把期望收益分为三部分：期望收益的扩散部分、收益的序列协方差以及收益的交叉序列协方差。

称为非对称预测性、非对称交叉序列相关、规模相关的领先滞后关系)①。LM 的研究发现引起了很多金融学者的兴趣和金融文献的关注。很多学者试图根据一些理论对这种领先滞后关系作出解释，目前来看比较合理的解释有如下三类：

（1）有的学者认为这种不同规模收益间的领先滞后模式是虚假的。博多卡、理查德森和怀特劳（Boudoukh，Richardson & Whitelaw，1994）、康拉德和考尔（Conrad & Kaul，1988）、哈密德（Hameed，1997）认为大公司股票组合收益与小公司股票组合收益间的领先滞后关系（非对称交叉序列相关）是源于组合自相关和组合同期相关，即 $\text{Corr}(R_{it}, R_{jt-1}) = \text{Corr}(R_{it}, R_{jt}) \times \text{Corr}(R_{it}, R_{it-1})$。而且这种领先滞后关系的程度取决于构成股票组合中的小公司股票的自相关程度，而不管大公司股票收益包含的信息是否高于小公司股票收益。因为他们在把小公司股票组合收益对自身滞后收益以及大公司股票组合滞后收益进行回归后发现，小公司股票组合滞后收益是显著的，而大公司股票组合滞后收益却不显著，说明在控制了小公司股票组合收益的自身相关之后，大公司股票组合滞后收益的解释力消失了。

（2）第二种观点与第一种观点类似：也认为股票价格之间是协动的②。该观点认为这种领先滞后关系是源于组合间的时变期望收益上存在差异（Conrad et al.，1988；Hameed，1997），在给定组合间的较高程度的同期相关后，大公司股票组合滞后收益仅是小公司

① 随后的研究发现，小公司股票组合收益对大公司股票组合收益也存在一定的预测力，一般体现为双向的格兰杰因果关系，见霍奇森（Hodgson，1999）、奇奥迪亚和斯瓦米纳森（Chordia & Swaminathan，2000）等。不过因为双方的强弱程度不同，较强的一方仍可认为其收益领先于较弱的一方。

② 这一点，博多卡、理察德森和怀特劳（1994）等的研究中并没有明确提出，因为他们仅从实证角度分析这种规模相关的领先滞后关系应该来自小公司股票的较高程度自相关。

股票组合滞后收益的一个简单替代[①]，而且这种非对称预测性并不完全是由于对公开（普通）信息的滞后价格调整引起的。

（3）第三种观点也是大部分学者比较公认的观点：不同规模公司股票价格对公开（普通）信息[②]的不同反应（调整）速度是这种领先滞后关系的主要原因。由于小公司股票较高的交易成本（这里的成本应该包括冲击成本）[③]、受关注的程度不如大公司股票而引起的信息不对称所导致的较高信息收集和处理成本、交易清淡而引起的异步交易、买卖价差弹性等而使得其价格对公共（普通）信息的反应慢于大公司股票（Mech，1993；Jegadeesh et al.，1995；Chordia et al.，1996）[④]。

纵观上面三种观点，第一种和第二种观点都认为这种领先滞后关系是虚假的，不过他们从不同角度加以论述：第一种观点是从实证角度加以阐明。这一观点认为即使市场会理性地处理信息[⑤]，但是自相关也是存在的，尤其是小公司股票价格的自相关（这是不同规模股票收益交叉序列相关的主要原因）是源于市场摩擦，诸如价格离散、买卖价差、交易成本等。第二种观点是从时变期望收益理

---

① 这是因为在大公司与小公司股票价格变动背后有共同的时变期望收益因子在起作用。

② 普通信息是指在市场范围内会影响所有股票的信息，如国家的经济数据、对外贸易数据以及产业政策等。一般而言大部分的宏观信息都可以称为普通信息。

③ 冲击成本是指在套利交易中需要迅速而且大规模地买进和卖出股票，未能按照预定价位成交，从而多支付的成本。冲击成本被认为是机构大户难以摆脱的致命伤。比如机构大户看好一只股票时，必须花很长时间才能完成建仓目的，如果急于建仓，势必在短时间大量买进而抬高股价，这样会使得建仓成本远远高于预期成本，同样，如果急于抛股时，等于是自己在打压股价，最后实现的卖出价会大大低于预期价格。

④ 更多的文献见科恩等（Cohen et al.，1986），罗和麦金利（1990b）对异步交易问题的直接分析；康拉德等（1992）研究买卖价差的潜在效果；贝森宾德和赫兹（Bessembinder & Hertzel，1993）研究交易和非交易阶段的收益问题；哈斯布罗克（Hasbrouck，1991）信息相关的微观结构问题研究；迈奇（Mech，1993）对交易成本与组合自相关的分析。

⑤ 有效市场的一个理论前提就是投资者理性处理信息，这一观点可以认为是坚持有效市场假说的。

论模型角度出发。尽管这一观点相信市场是有效的，但是其坚持期望收益是时变的且被认为是有效市场的修正主义观点[①]。这一观点认为即使在无摩擦的市场条件下，短期股票收益可以是自相关以至于交叉序列相关，这种相关模式与程度可以用时变经济风险补偿来解释。第三种观点与上面两种观点相反，即认为领先滞后关系不是虚假的，有一定经济理论基础（如信息不对称和信息不完全等）。另外个人认为尽管有些忠诚于有效市场假说的学者审慎对待股票市场的短期可预测性（收益自相关和交叉序列相关），其实不在于短期可预测性问题，关键在于大家把短期可预测性主要归因于小公司股票的序列相关，过度序列相关[②]（一些人认为反转交易策略与过度序列相关有关）可能是由于对不同市场信息过渡反应引起的，这样会把规范金融研究引入到行为金融研究轨道，因此我认为罗和麦金利的研究及其结论具有一定纠偏意义[③]。博多卡等（1994）却觉得交叉序列相关的理论和实践基础很难站住脚，尤其是小公司股票收益的序列自相关问题还没有完全解决，又来个收益间的交叉序列相关，似乎是旧病未去又添新愁的感觉[④]。随后的以哈密德（1997）等从时变期望收益角度研究交叉序列的内在根源，尽管他把这解释为小公司股票收益对时变延迟因子的较高程度暴露，但是其隐含意义还是强调短期小公司股票收益的自相关对交叉序列相关的重要性。总而言之，他们各自是站在不同角度来看待价格怎样合并信息

① 有关这一观点见博多卡等（1994）。

② 一些学者把小公司股票的序列自相关归结为对市场信息的反应，尤其是小公司股票特定信息的过度反应，而过度反应是投资者情绪的研究范畴，即行为金融。20 世纪 90 年代恰是行为金融研究走上快速发展的时期。

③ 不管这种纠偏是有意还是无意的，但是有些时候的偶然发现恰好就是一个新理论的开始。

④ 博多卡等（1994）称洛等（Lo et al.）的领先滞后关系为：“Red Herring”即转移大家对小公司股票自相关认识的注意力。

以及不同的市场摩擦问题。

目前讨论较多的是由于小公司股票的交易清淡[①]问题而引起的异步交易（Fisher，1966），这是小公司股票交易调整滞后的主因。这种异步交易对小公司股票价格调整滞后的影响程度学者之间存在争议。LM通过构建非交易模型试图来得出非对称交叉序列相关的封闭解，发现异步交易仅是一个原因，但不是主要原因。博多卡、理查德森和怀特劳（1994）等认为LM的研究低估异步交易对领先滞后关系的影响。他们认为LM的研究框架：股票在任一个固定时间间隔内的非交易概率不变、组合内股票的非交易概率同质而且与股票市场是协变的假定过于严格[②]。实际上，非交易概率未必是时间独立的，尤其对日内交易而言信息流是积聚的。非交易概率可能是异质的、组合内股票与市场是协变的，特别是对于组合内小公司股票更是如此。

小公司股票价格调整滞后的另一个可能解释是相对于大公司股票而言小公司股票受到投资者关注较少，因此小公司股票存在较高的信息和处理成本（Merton，1987）。这对于交易有限数量股票的投资者而言[③]，投资于大公司股票的投资者会面临着比投资于小公司股票投资者有着较高信息和处理成本，而市场上的投资机会是转瞬即逝的。若小公司股票投资者仅从过去的股票价格来推断信息，那么只有当小公司股票投资者观察到大公司股票的过去价格后才能改变其对小公司股票价格的变化预期，这样会使得小公司股票价格对

---

① 一般认为小公司的交易清淡是由于小公司股票的流动性问题而很少受到那些大资金的“光顾”。

② 他们举例子说明，若在给定的小时内非交易概率为0.2，那么对于特定股票而言，其一天的最后一次交易发生在最后一个小时的概率为0.8。那么一天的最后一次交易发生在倒数第二个小时内的概率为0.2×0.8，发生在倒数第三个小时内的概率为0.2×0.2×0.8，这显然缺乏一定的合理性。

③ 这一点是很符合实际的，毕竟人的精力有限，目前我国的上市股票达到了4000多只，每一只股票都有自己的行业特征以及价格变化规律，每一人不可能对所有的都了解，并参与交易。一般而言是大部分投资者跟踪几只股票进行操作。

市场范围信息的反映滞后。

阿蒂亚斯（1985）从信息收集成本角度阐述这一观点：如果信息的生产随着公司规模而增加（差别信息集）。若假定信息收集成本固定且与公司规模无关，那么对大公司股票从事错误定价研究比对小公司股票的研究更可行，这样会使得大公司股票比小公司股票提前消化已经到达或者即将到达市场的公共（普通）信息。

霍奇森、麦西哈和麦西哈（Hodgson，Masih & Masih，1999）通过对澳大利亚股票市场的研究，发现这种规模相关的领先滞后关系应该与市场条件相联系，即市场是牛市阶段还是熊市阶段。其在熊市阶段的观点与阿蒂亚斯（1985）相同，不过他们认为在牛市阶段由于小公司股票杠杆效应引起的潜在支付结构变化使投资者觉得投资于小公司股票的高风险会被其高收益得到补偿，因此在牛市阶段小公司股票收益领先于大公司股票收益。

除了规模相关的领先滞后关系外，布莱南等（Brennan et al.，1993）发现跟随一只股票的投资分析师数量会增加该只股票价格对信息的调整速度。巴德林纳特（Badrinath et al.，1995）发现机构对某只股票的持有水平也扮演一个重要角色：机构交易者持有股票的收益领先于非机构交易者持有股票的收益①，这些又增强了学者对领先滞后关系理论进行深入探究的动力。

奇奥迪亚和斯瓦米纳森（2000）（以下简称 C&S）通过对 1963 ~ 1996 美国股票市场的数据为基础构建投资组合，研究发现高交易量换手率的股票组合收益领先于低交易量换手率的股票组合，而且在控制公司规模之后这种领先滞后关系仍然是显著的，说明规模效应与交易量效应是相互独立的。德赛和塔瓦考尔（Desai &

① 实际上，跟随一只股票的分析师数量相当于增强该只股票的受关注程度，受关注程度强会加速该只股票对信息的调整速度，这类似于规模相关的领先滞后关系原理。

Tavakkol, 2004）分别研究规模相关的领先滞后效应和交易量相关的领先滞后效应，发现规模效应强于交易量效应。

通过分析，我们发现不但领先滞后关系发现于成熟的美国股票市场，而且其他大部分结果也是针对美国股票市场展开而得出的。我们知道美国股票市场，无论从交易制度的设计、市场信息披露以及市场参与者等方面来看都是一个非常成熟的市场，研究这种领先滞后关系在美国以外市场存在的证据，对像我们这样新兴、交易机制特别的股票市场而言具有深刻的意义。

首先，尽管我国股票市场走过了32个春秋，但是与发达国家相比，我们的一些投资者无论从投资理念还是投资行为来看还不很成熟。投资者之间存在很强的异质性，经常存在非理性交易、甚至是投机性交易（我国股票交易的换手率明显高于其他国家）。研究这种领先滞后关系，可以对投资者进行合理、正确投资决策、减少投资决策失误带来一定的指导意义。对于个人投资者而言，尤其是中、短线个人投资者而言，经常抱怨没能抓住市场节奏而失去资产增值机会，甚至带来资产减值的风险。若存在规模相关的领先滞后关系，则我们通过观察大公司股票，尤其是权重股股票的价格启动之后，这时可以放心地介入那些基本面较好的、没有完全涨起来的小公司股票（这也是选择股票的一个环节）；或者对于相同规模被选股票而言，我们介入那些换手率较低的股票，尤其是那些成交量和换手率很低但是股票价格却在慢慢上涨的股票①。对于机构投资者而言，机构投资者往往资金量很大，希望自己的资产会快速、持续地增值以满足日益激烈的机构投资者间的竞争需要②。这时构造

① 说明这些股票受到了大资金或者是消息灵通投资者的青睐。

② 我国的机构投资者大部分是基金，个人投资者投资基金主要看该基金的稳健性和增值速度，如果某一基金的净值增长缓慢，那么该基金在未来的发行新基金就不会受到潜在投资者的关注。

合理的投资组合、运用恰当的投资策略是必要的。目前公认的、较好的交易策略是惯性交易策略和反转交易策略。对于反转交易策略而言，可以在投资组合中选择大公司股票和一些小公司股票，尤其是那些滞涨的小公司股票①，这样在组合中的大公司股票上涨一段时间之后，组合中的小公司股票也会上涨，这样使得该机构投资者的资产净值就会获得持续的上涨。

其次，研究这种领先滞后关系，对于发展定价模型也有深远的意义。我们知道定价问题是金融学热点、难点问题。从夏普和林特纳的单因子模型，CAPM 到罗斯的套利定价理论（APT）再到法玛、弗伦兹等的三因素模型以及其他多因子模型。无一不经历理论到实践再到实践的复杂过程，其中公司规模进入多因子定价模型就是一个很好的例子。学者们最初发现小市值公司股票的年度平均收益高于大市值股票的年度平均收益（小公司股票的收益异象）以及贝塔因子并不能很好解释不同公司间横截面收益差异，尤其在控制公司规模后贝塔因子的解释力受到了较大影响。后来学者们发现包含规模的多因子模型很好地解释不同股票②，尤其是不同规模股票间横截面收益的差异。这一发现对于在短时间内选择股票，特别是利好消息到达市场时对选择股票有指导意义③。若全世界范围内股票市场都得到关于规模或交易量换手率相关的领先滞后关系证据，那么是否考虑规模比或者是潜在时变因子的滞后项纳入定价模型中。

---

① 当然大部分的机构投资者都进行深度行业分析，研究该行业的股票的未来成长价值。这是机构投资者比一般的投资者具有优势的地方。

② 基本的多因子模型是法马和弗兰奇（Fama & French）的三因子模型，一个投资组合的超额收益率可以用它对三个因子的暴露来解释，这三个因子是市场超额收益率、市值因子、账面市值比因子：

$$E(R_{it})-R_{ft}=\beta_i[E(R_{mt})-R_{ft}]+s_iE(SMB_t)+h_iE(HMI_t)$$

该模型不但可以用来给股票定价，还可以用来选择股票。

③ 利好消息到达市场时很多投资者都会购买股票，但是在短时间内正确买到合适的股票对普通投资者却不是件容易的事情。

最后，与其他发达国家相比，我国股票市场有不同的特殊交易机制。如T+1、差异化的涨跌停板制度、不允许卖空等，（虽说融券就是股票做空，但是融券也没有多大意思，因为我国股市融券较难，很多时候几乎是没有券，可以融券的股票都是大盘股，股性不活跃，很难赚钱。）这两种制度一定程度上会限制信息流动（而美国等成熟的股票市场都没有卖空限制）。如对于当日下午才到达市场的利空消息，使得上午购买股票的我国投资者只能“望盘兴叹”①。如果在这种条件下仍然存在领先滞后模式，更能说明领先滞后模式在世界范围存在的一致性。

本书研究我国股票市场的规模和交易量相关领先滞后关系，之所以选择这两个变量，一方面是从国内外的研究文献来看，有关规模和交易量相关的领先滞后关系研究比较多，研究思路也比较成熟，其结果和方法为大多数的学者所接受。另一方面尽管国外有少数学者研究分析师覆盖和机构持有股权对领先滞后关系的影响，但是与国外成熟的市场相比，我国的机构持有股权都是每个季度披露，数据比较离散，很多投资者是很少利用一些机构的，尤其是基金公司的季报数据，这样即使能够得出这方面的领先滞后关系，但是由于数据公布的时滞性，使得其对于普通投资者的指导意义有限。同时中国股市投资分析师推荐的公允性和价值性受到很多投资者的质疑，监管层经常披露的证券市场的违规的“抢帽子”② 事件表明很多投资分析师成为机构或者其他利益相关者的代言人。相比

---

① 我国是T+1的交易制度，当天买入的股票，如果你以前没有该股票的仓位，那么你就没法卖出该股票。这使得目前一些学者认为目前的T+1的交易制度是在保护中小投资者吗？

② 如2009年2月份证监会处理的武汉新兰德和北京首放就是典型的“抢帽子”行为，即这些公司提前介入一些股票，然后通过它们的投资咨询渠道对这些股票制造题材和其他一些虚假新闻，吸引投资者买入，然后它们趁机出货。来坑害中小投资者。这些都使得我国股票的投资分析师的声望下降。

较而言，规模和交易量换手率作为公开披露的变量，投资者都可以低成本地获得，这也满足上面信息收集成本不变的条件。最后，有利于更加深入地认识规模和交易量换手率在日常投资行为的作用。很多投资者比较熟悉规模在股票横截面定价差异的作用，也知道交易量是时变期望收益中一个比较重要的代理变量，也清楚放量必涨、高交易量对应高波动性等，那么若存在交易量换手率的领先滞后关系对于更加深入认识股票的轮动的节奏、指导投资实践有重要作用。

国内外很多文献都运用单位根检验、协整分析和格兰杰因果检验以及迭代似不相关回归等判断所研究的股票组合价格和收益序列的稳定性、协整性以及格兰杰因果关系。本书也借鉴这些方法，对所构建的取自我国股票市场的规模和交易量组合进行研究，并探究是否存在规模和交易量相关的领先滞后关系，利用 VAR 模型分析自相关和非对称交叉序列相关（领先滞后关系）是否是相互独立的，以及不同市场阶段下领先滞后关系的表现形式。

本书在研究我国股市规模相关的领先滞后关系后，通过从我国股票市场选取 639 只股票，分别构建日收益、周收益的 3×3 组合，参照布莱南等（Brennan et al.，1993）以及 C&S（2000）的方法并进行相应调整研究交易量相关的领先滞后效应，以及交易量领先滞后关系与规模相关领先滞后关系的独立性。

国内纯粹研究规模和交易量相关的领先滞后关系文献不多，如王承炜和吴冲锋（2002）用横截面自相关分析法研究沪、深市 A、B 股之间的领先—滞后效应；刘煌辉和熊鹏（2004）以 1995 ~ 2002 年中国股票市场的周收益数据为基础研究规模与交易量效应；王庆石和朱天星（2006）以上海股市 A 股的股票为研究样本从差别信息集角度研究规模相关的领先滞后关系；赵伟和曾勇（2008）采用类似于罗和麦金利的反转交易策略方法研究中国股市的交叉序列相关与领先滞后关系。本书从实证角度深入探究规模相关的领先滞后关系，不同市场阶段下规模相关的领先滞后关系，尤其是行业关联对规模相关的领先滞后关系的影响，以及不同市场阶段和不同市场条件下的领先滞后关系。用日和周收益数据研究交易量相关的领先滞后关系、并把日数据与周数据结果进行对比研究，同时对我国股票熊市阶段的领先滞后机制提出比较合理的解释[①]，这些是本书的创新之处。

从国外文献来看，对于样本数据的选择，大都考虑了新股上市的情况，如罗和麦金利以及 C&S（2000）等，即新股上市一定时间段后计入到样本中来，而我们的研究没有考虑新股上市是本书不足之处，本书另外一个不足是我们的研究对于投资者来说很有意义，但是却没有得出较好的有关监管和交易机制设计建议。

本书安排如下：第 2 章领先滞后关系相关理论基础与背景介绍；第 3 章国内外文献综述；第 4 章规模与领先滞后关系；第 5 章交易量与领先滞后关系；第 6 章行业与规模相关领先滞后关系；第 7 章龙头股与领先滞后关系；第 8 章结论与建议。

---

① 有关收益传递机制的提法见于部分的国外文献，但是国外文献的提法是基于行业间的收益传递问题，类似我们的股票板块轮动。即高获利板块的投资者反过来去投资那些没有启动的板块。当然这方面的研究也很有价值。

第2章 领先滞后关系相关理论基础与背景介绍

2.1 相关理论基础

很多研究都认为若市场价格能够即时、迅速地反映所有可以获得的信息，那么这个市场就是有效的①。很多学者认为若市场价格能够即时、迅速地反映所有可以获得的信息，则市场价格会是随机游走的，即增量不相关。而历史上的许多研究表明股票价格并不完全遵循随机游走，这意味着股票价格变化存在一定程度的可预测性②。但是市场预测仍然是不完全的（很多研究都把市场在短期上是否是可以预测作为检验市场是否有效的标准），会存在相当大的预测误差。因此市场的超额收益机会与市场无效未必是可预测性的结果。我们在这里不过多地探讨市场有效与可预测性的内在关系。我们有必要回顾一下有效市场的理论假设：首先，市场是无摩擦

---

① 根据反应信息的内容程度不同分为弱势有效、半强势有效和强势有效。

② 莱罗伊（Leroy，1973）和卢卡斯（Lucas，1978）表明不可预测性既不是经济均衡的必要条件也不是充分条件。

的、完全竞争的，即交易客体是同质的、交易双方均可以自由进出市场、交易双方都是价格接受者、所有交易者都具备完全知识以及完全信息，而且信息能够免费获得，你会发现这些条件在现实条件下很难满足，以至于有效市场理论在实际应用中会产生偏差。其次，要求投资者必须具有理性预期，但实际情况并非如此，投资者不可能都具有完全理性预期，研究表明当投资者在遭受了资产减值后会表现出不理性行为，但正是由于投资者具有不同的预期，导致市场在价格的随机波动过程中趋向均衡。最后，从信息的本质来看，信息具有复杂性、混沌性、不确定性和非线性特点，完全信息很难满足，信息不对称现象是市场中的常态，投资者若想用掌握的信息尤其是私人信息来弥补这种信息不对称，就需要支付一定成本。下面我们分别研究在信息交易和不完全信息条件下的领先滞后关系。

2.1.1　信息交易与交叉序列领先滞后关系

假定存在两种资产：无风险资产，其收益为 R；风险资产，其收益 u 为随机变量。u 包括两部分：

$$u = \theta + \varepsilon, \tag{2-1}$$

θ - 以成本 c 可以观察到部分，ε - 是无法观察到部分，二者都为随机变量且服从多元正态分布：$E\varepsilon = 0$，$E\theta\varepsilon = 0$ $Var(u^* \mid \theta) = Var\varepsilon^* = \sigma_\varepsilon^2 > 0$。

假设第 i 个交易者的初始禀赋为两种证券：$\overline{M}_i$ - 无风险资产，$\overline{X}_i$ - 风险资产。p - 风险资产当前价格，令无风险资产的价格为 1。那么第 i 交易者的预算限制为：

$$pX_i + M_i = W_{0i} \equiv \overline{M}_i + p\overline{X}_i \tag{2-2}$$

在期末每一单位无风险资产的支付为 R 元，每一单位风险资产

的支付为 u，若在第一期末第 i 个交易者持有投资组合（M_i，X_i），他的财富为：

$$W_{1i} = RM_i + uX_i \tag{2-3}$$

若假定每一个投资者的效用函数为指数形式：$V(W_{1i}) = -e^{-aW_{1i}}$，$a>0$。这里的 a 是绝对风险厌恶系数，每一个交易者应用所有可能获得的信息最大化自己的期望效用，并且以期望效用为基础决定取得什么样的信息。

现假定市场投资者分为两种类型：信息交易者，可以观察到 θ。噪声交易者，仅通过观察价格进行交易。投资者在事前是同质的，他们是信息交易者还是噪声交易者取决于是否花费成本 c 去获得信息。

信息交易者的需求取决于 θ 和风险资产的价格 p，噪声交易者的需求仅依靠价格 p。假定他们都是理性预期的，通过了解收益分布与价格的关系而得出他们对风险资产的需求以及持有资产收益的未来预期。若令 x 表示风险资产的供给，在给定信息交易者比例 λ，则均衡是价格的函数 $p_\lambda(\theta, x)$，且均衡等于供给。噪声交易者只通过观察 $p_\lambda(\theta, x)$ 来了解 θ，因为他们无法辨别价格的变化是由信息交易者的信息引起的（内生）还是由供给变化引起的（外生）。这样 $p_\lambda(\theta, x)$ 透露一些信息交易者的信息并传递给无信息交易者。

在这些条件下有信息交易者和噪声交易者的期望效用分别为：

$$E(V(W_{1i}^*)\mid\theta) = -\exp\left(-a\left[RW_{0i} + X_I(\theta - Rp) - \frac{a}{2}X_I\sigma_\tau^2\right]\right)^{①} \tag{2-4}$$

① 这里的带 * 的变量表示随机变量，其推导过程见附录 B，式（2-4）~式（2-8）见文献【113】。

$$E(V(W_{1i}^*)|p^*) = -\exp\left[-a\left\{RW_{0i} + X_U(E(u^*|p^*) - Rp) - \frac{a}{2}X_U^2 Var(u^*|p^*)\right\}\right] \quad (2-5)$$

若信息交易者和噪声交易者分别按照效用最大化配置资产并指导投资行为，那么在效用最大化条件下对风险资产的需求分别为：

$$X_I(p, \theta) = \frac{\theta - Rp}{a\sigma_\varepsilon^2},\ X_U(p; p^*) = \frac{E[u^*|p^*(\theta, x) = p] - Rp}{aVar[u^*|p^*(\theta, x) = p]}$$ ①

$$(2-6)$$

同时信息交易者和噪声交易者的比例为 λ，风险资产的供给为 x，则有：

$$\lambda X_I(p_\lambda(\theta, x), \theta) + (1-\lambda)X_U(p_\lambda(\theta, x); p_\lambda^*) = x$$ ②

$$(2-7)$$

将式（2-6）代入式（2-7）有：

$$\lambda\frac{\theta - Rp}{a\sigma_\tau^2} + (1-\lambda)\frac{E[u^*|p^*(\theta, x) = p] - Rp}{aVar[u^*|p^*(\theta, x) = p]} = x \quad (2-8)$$

从经济意义角度来看，均衡是考虑交易成本情况下，信息交易者和噪声交易者的期望效用相同③：若信息交易者的期望效用大于噪声交易者的期望效用，由式（2-4）、式（2-6）、式（2-8）可知，这可能源于信息交易者在既定成本、信息交易者和噪声交易者比例和风险资产的供给下，风险资产收益中 θ 的增加，在噪声交易者对风险资产的收益预期不变（或者下降）条件下，就会有噪声交易者有动力成为信息交易者，噪声交易者会花费成本收集信息或者通过观察价格系统来得到一些信息。由于来自噪声交易者成为信

① 这两个式子可以分别通过对式（2-4）和式（2-5）求导取极值而得到。

② 这表示风险资产的供给等于需求。

③ 有效市场理论认为的均衡是在忽略了交易成本的前提下的均衡。而一些定价模型也是基于有效市场的假设得出的，这就难免使一些定价模型在实际的应用上存在偏差。

息交易者的压力使得信息交易者的期望效用下降，这一过程可能由于如下的两个原因：①当更多的交易者观察到 θ，这样会使得 θ 有较大变化，由于 θ 的变化对总需求和价格系统有很大影响，价格系统会包含更多信息，因此噪声交易者会从信息交易者那里获得更多信息。由于信息交易者的信息优势，他们与噪声交易者交易获得的收益会大于噪声交易者之间进行交易获得的收益。比如，信息交易者会在一些证券定价过低时买入，而在其定价过高时卖出。噪声交易者却在发现一些股票的价格已经启动时买入，这样的买点会高于信息交易者的买点。又由于噪声交易者间信念的差别，有的噪声交易者会在这些股票价格涨到较高时买入，而这时恰恰是信息交易者在卖出股票，噪声交易者的获利空间明显小于信息交易者的获利空间。②即使上面提到的效应没有发生，信息交易者相对于噪声交易者的比例增加，那么人均意义上的信息交易者与噪声交易者的交易的获利将变小。

如果上面的情况发生在同一股票内部，那么随着信息交易者的提前买入，噪声交易者的随后介入在一定程度上会引起股票收益，尤其是大公司股票收益正的序列相关，而小公司股票收益可能会存在正的序列相关或者负的序列相关（收益反转）。如果发生在不同股票之间，噪声交易者，尤其是那些信息量较少、风险厌恶噪声交易者会通过观察那些提前涨起来的股票价格变化（这些股票可能是大规模公司股票或者其换手率发生显著变化），来决定是否买入那些还没有涨起来的其他股票。当然不同投资者会根据不同方法［如交易量（Campbell et al.，1993）和规模］来识别那些先涨起来股票的价格变化是由普通（市场范围）信息引起的，还是由公司具体信息引起的，这样就会导致不同股票收益间的交叉序列相关以及领先滞后关系。

因此格罗斯曼和斯蒂格利茨（Grossman & Stiglitz，1976，1980）

等人认为竞争市场上的价格并不能完全反映所有相关信息，否则投资者在信息上就不会获得报酬。这样对于个人投资者而言，就没有动力花费资源去收集和处理新信息，就不会有投机和套利行为存在，因为这些信息可以从价格体系本身无成本地获得。既然信息成本得不到补偿，那么竞争性的均衡是不存在的。因此，如果考虑信息成本，均衡价格不可能反映所有信息。

2.1.2　不完全信息与交叉序列领先滞后关系

信息收集成本问题在一定程度上可以认为是由于信息不对称问题引起的。这种信息不对称也会发生在做市商之间以及做市商与投资者之间。做市商（Chan，1993）通过观察他们手中持有股票的噪声信号，但是并不能瞬时观察其他股票价值的信号。每一个信号可能包含市场范围信息和不相关噪声，每一个额外信号使得噪声多样化并且提供更精确的市场信息。做市商结合其他股票以前价格变化来纠正他们的定价偏差，并通过区分其他股票价格变化的原因：公司特定信息引起的还是由于市场范围信息引起的。若是由市场范围引起，就为做市商纠正定价偏差提供了证据，调整其持有股票的定价，就会出现收益上的领先滞后关系。假定存在两种股票：A 和 B，在第一阶段，持有股票 A 的做市商收到一个关于股票 A 的利好消息，但是没有观察到股票 B 的信号，由于该信号可能是噪声，做市商只是部分地向上调整其对股票 A 的价格。在第二阶段，做市商通过观察股票 B 先前的价格运动（因为股票 B 的价格变化会包含市场范围信息）。如果股票 B 的价格也是上涨的，那么就增强了他对调整其持有股票价格的信心，进一步向上调整股票 A 的价格。如果股票 B 的价格是下降的，做市商就会降低其对股票 A 利好消息的信心，会向下修正股票 A 的价格，因此股票 A 和股票 B 的收益间就会是正相关的，就会引起不同股票组合收益间的领先滞后关系。

一般的模型都是从单期开始然后推广到多期情况，下面首先考虑单期模型。

1. 单期模型

假定市场上有 N 个做市商和 N 只可供交易股票，每个做市商仅交易一只股票。每只股票价值由三部分组成：

$$V_i = \bar{v} + W + S_i \quad i = 1, 2, \cdots, N \tag{2-9}$$

其中：$\bar{v}$——常数，对每一只股票来说都是相同的。

W——影响所有股票的市场信息成分，且满足零均值，方差为 σ_W^2 的正态分布。

S_i——影响股票 i 的公司特定信息成分，也满足均值为零，方差为 σ_S^2 的正态分布，而且 $E(s_i, s_j) = 0 (i \neq j)$，$\mathrm{Corr}(w, s_i) = 0$。
每个做市商观察自己持有股票的噪声信号：$\theta_i = w + s_i + \varepsilon_i$，这里 ε_i 为股票信号中噪声，其均值为零，方差为 σ_ε^2 的正态分布。且 $E(\varepsilon_i, \varepsilon_j) = 0$，$(i \neq j)$。

假定做市商并不能独立观察和区分信号中的市场范围信息和公司特定信息成分①，另一个假定就是做市商并不能同时观察和即时处理其他做市商持有股票的信号②。

若每个做市商取得零期望收益，陈（Chan，1993）得出每个股票价格将会是这个股票信号的条件期望：

$$\begin{aligned} p_i &= E(V_i \mid \theta_i) \\ &= E(V_i) + \frac{\mathrm{Cov}(V_i, \theta_i)}{Var(\theta_i)}(\theta_i - E(\theta_i)) \end{aligned}$$

---

① 塞汉（Seyhun，1988）研究发现即使是内部交易者也并不能总是把二者区分开来，而且这一假定并不影响后面的模型效果，式（2-10）~式（2-13）见参考文献【59】。

② 由于有成本的处理信息会妨碍做市商在处理他们持有股票的信号的同时不能处理观察到的其他股票价格反映出来的噪声信号。

$$= \bar{v} + k\theta_i = \bar{v} + k(w + s_i + \varepsilon_i) \qquad (2-10)$$

其中：$k = \dfrac{\sigma_w^2 + \sigma_s^2}{\sigma_w^2 + \sigma_s^2 + \sigma_\varepsilon^2}$，可见 $0 < k < 1$，为价格调整系数，反映做市商对信号的部分价格调整。尽管在实际交易过程中是信息交易者决定股票价格①，但是陈的模型认为做市商可以根据他们自己和其他信号设定股票价格②。

做市商根据他们的信号决定条件价格会有两个结果。第一，股票的定价误差为：

$$e_i = V_i - P_i = (1-k)(W + S_i) - k\varepsilon_i \qquad (2-11)$$

根据线性影射法则可知，定价误差与自己的信号正交，即 $\mathrm{Cov}(e_i, \theta_i) = 0$。由于股票价格是对市场范围信息成分的部分调整，这一定价误差还与其他股票的信号有关，噪声 ε_i 可能来自其他股票，即 $\mathrm{Cov}(e_i, \theta_j) = (1-k)\sigma_W^2$，$i \neq j$。第二，尽管每只股票价格是在其自己信号条件下对该股票真实值的无偏估计，但这 N 只股票的总价格却未必是以所有信号为条件的总真实值的无偏估计。陈（Chan，1993）用两只股票的例子说明这一问题。若做市商分别以自己股票的信号为条件来定价，那么由式（2－10）可知总股票价格为：

$$P_1 + P_2 = E(V_1 | \theta_1) + E(V_2 | \theta_2) = 2\bar{v} + k(\theta_1 + \theta_2) \qquad (2-12)$$

但是若他们以这个信号为条件同时定价，则总股票价格为：

$$P_1 + P_2 = E(V_1 + V_2 | \theta_1, \theta_2) = 2\bar{v} + k'(\theta_1 + \theta_2) \qquad (2-13)$$

其中：$k' = \dfrac{2\sigma_W^2 + \sigma_S^2}{2\sigma_W^2 + \sigma_S^2 + \sigma_\varepsilon^2}$③，可见 $k' > k$。则以两只股票信号分

---

① 信息交易者的信息中几乎不含有噪声，他们的定价应该与股票真实价值最接近。

② 这一模型假定与凯尔（Kyle，1985）的模型类似，在他的模型中假定做市商并不直接观察信息，而是观察由信息交易者交易和流动性交易者的随机交易组成指令流，并根据这些指令流决定价格。

③ 推导见附录 C。

别定价后的总价格与以两只股票信号同时定价得到的总价格不等。这一点是很显然的，尽管二者的信号都包含市场信息成分，但是二者包含的噪声信号是不相关的。用两个信号来判断比用一个信号来判断更加准确。这样当做市商观察到其他股票包含的附加信号，会对这一信号进行分析并积极调整其所持有的股票价格①。

2. 多期模型

陈对上面单期模型进行扩展来研究该定价规则在跨期收益下的关系。若把交易分为 T 个阶段，那么在阶段 t 时的股票价值为：

$$V_{i,t} = \bar{v} + \sum_{\tau=1}^{t} \Delta V_{i,\tau} \tag{2-14}$$

这里 $\Delta V_{i,\tau} = W_\tau + S_{i,\tau}$，表示在阶段 τ 的价值变化。W_τ 和 $S_{i,\tau}$ 服从序列无关和相互独立的零均值、方差分别为 σ_W^2 和 σ_S^2 的多维正态分布。在阶段 $t-1$，持有股票 i 的做市商并不能直接观察 $\Delta V_{i,t-1}$②，反而观察信号 $\theta_{i,t-1} = \Delta V_{i,t-1} + \varepsilon_{i,t-1}$，并在阶段 t 根据这一信息调整股票价格。

关于价格调整的附加信息可以根据股票的真实价值也可以根据股票的过去价格。在阿德马蒂和普弗雷德尔（Admati & Pfleiderer, 1988）等的模型中是以真实价值为附加信息进行研究，但是陈等认为这种真实价值附加信息只适用于单期模型，而且这种单期持续时间很短（一小时或者一天）使得关于股票定价的不确定性很难在这么短的时间内解决③。做市商可以根据别的股票价格中体现出来的信息作为附加信息进行价格修正。同样考虑两只股票情况。陈假定

① 实际上用单一信号为条件进行定价和用多个信号为条件来定价类似于单方程回归和多方程回归。除非自变量（信号）之间是正交的，用单方程回归得出的斜率系数会不等于用多方程回归得出的斜率系数。

② 这一方面是由于做市商有别于内部交易者，会有更多的噪声信号，观察股票 i 的真实价值会需要更精确信息，做市商区分噪声和市场信息的能力存在差异。

③ 做市商有别于内部交易者。

有股票 1 和股票 2 进行交易。持有股票 1 的做市商能够观察到股票 2 的过去价格。定义 $\Delta P_{1,t}^{*}=E(\Delta V_{1,t}|\theta_{1,t})=k\theta_{1,t}$为股票 1 在阶段 t 的价格新息，同样定义股票 2 在阶段 t 的价格新息。则这两个做市商持有股票的新息集可以表示为：

$$\Phi=\{\Delta P_{1,t-1}^{*},\ \Delta P_{1,t-2}^{*},\ \cdots,\ \Delta P_{1,1}^{*};\ \Delta P_{2,t-1}^{*},\ \Delta P_{2,t-2}^{*},\ \cdots,\ \Delta P_{2,1}^{*}\} \tag{2-15}$$

则陈把持有股票 1 的做市商定价策略表示为：

$$\begin{aligned}P_{1,t}&=E(V_{1,t}|\theta_{1,t},\ \Delta P_{1,t-1}^{*},\ \cdots,\ \Delta P_{1,1}^{*};\ \Delta P_{2,t-1}^{*},\ \cdots,\ \Delta P_{2,1}^{*})\\&=\bar{v}+E(\Delta V_{1,t}|\theta_{1,t})+\sum_{\tau=1}^{t-1}E(\Delta V_{1,\tau}|\Delta P_{1,\tau}^{*},\ \Delta P_{2,\tau}^{*})\end{aligned} \tag{2-16}$$

由于 $\Delta V_{1,\tau}$是序列独立的，则式（2-16）可以分解为：

$$\begin{aligned}P_{1,t}=&P_{1,t-1}+E(\Delta V_{1,t}|\theta_{1,t}+E(\Delta V_{1,t-1}|\Delta P_{1,t-1}^{*},\ \Delta P_{2,t-1}^{*}))\\&-E(\Delta V_{1,t-1}|\theta_{1,t-1})\end{aligned} \tag{2-17}$$

把式（2-17）移项后得出：

$$\Delta P_{1,t}=\Delta P_{1,t}^{*}+\lambda[\Delta P_{2,t-1}^{*}-(1-m)\Delta P_{1,t-1}^{*}] \tag{2-18}$$

其中：

$$\lambda=\frac{(1-k)\sigma_W^2}{k(m\sigma_W^2+\sigma_S^2+\sigma_\varepsilon^2)},\quad m=\frac{\sigma_S^2+\sigma_\varepsilon^2}{\sigma_W^2+\sigma_S^2+\sigma_\varepsilon^2} \tag{2-19}$$

从式（2-18）和式（2-19）看出陈把股票的价格变化分为两个部分：1）根据自己价格信号的价格调整部分 $\Delta P_{1,t}^{*}$；2）根据股票 2 的过去价格信息作出的价格调整部分 $\lambda[\Delta P_{2,t-1}^{*}-(1-m)\Delta P_{1,t-1}^{*}]$。

同样可得股票 2 的做市商设定价格为：

$$\Delta P_{2,t}=\Delta P_{2,t}^{*}+\lambda[\Delta P_{1,t-1}^{*}-(1-m)\Delta P_{2,t-1}^{*}]^{①} \tag{2-20}$$

最后可以根据式（2-18）、式（2-19）计算股票价格变化的方差和协方差：

---

① 其推导见附录 C，式（2-15）~式（2-19）见参考文献【59】。

$$\mathrm{Cov}(\Delta P_{1,t},\ \Delta P_{1,t-1}) = \lambda\{\mathrm{Cov}(\Delta P^*_{1,t-1},\ \Delta P^*_{2,t-1}) - (1-m)Var(\Delta P^*_{1,t-1})\} = 0 \tag{2-21}$$

$$\mathrm{Cov}(\Delta P_{1,t},\ \Delta P_{2,t-1}) = \lambda\{Var(\Delta P^*_{2,t-1}) - (1-m)\mathrm{Cov}(\Delta P^*_{1,t-1},\ \Delta P^*_{2,t-1})\} = k(1-k)\sigma^2_W \tag{2-22}$$

尽管陈的两个方差和协方差计算考虑了噪声是同质的，即噪声的方差不变，但是其理论意义却很大。股票间的协方差为正说明即使做市商不确切知道持有股票的真实价值，也可以根据其他股票以前价格变化的附加信息对股票价格进行调整。从式（2－22）还发现若给定 k 条件下，某只股票相对于另一只股票包含更多市场信息的话，会使其价格变化对另一只股票有预测作用，会引起收益间的领先滞后关系。

本节通过模型分别探讨有成本的信息交易和信息不完全情况下的领先滞后关系问题①，从这些模型看出，即使在完全有效市场下，价格系统也并没有包含所有信息，会有各种噪声存在，使得价格并不能迅速合并所有到达市场信息，合并信息较多、较快的股票（组合）收益势必对合并信息较少、较慢股票（组合）的收益有领先（预测）作用②。

2.2 相关理论背景

2.1 中有关领先滞后关系理论基础及其模型有严格的假定，如

---

① 有成本的信息交易对阿蒂亚斯等提出的不同规模公司股票的差别信息集理论有一定的影响，信息不完全理论对许多实证研究提供了理论支撑。

② 我们在后面的文献综述会介绍，如由于不同规模股票信息集的差别或者投资分析师数量的不同，受人关注程度的不同（表现为不同的交易量换手率）使得一些股票的收益领先于另一些股票而表现出收益上的领先滞后关系。

投资者是同质的、噪声服从零均值的正态分布、价格合并信息是迅速的、没有考虑交易成本等不存在市场摩擦情况下的领先滞后关系问题。在现实交易中，无摩擦只是一个完全理想化的情况（严格地说是一个比比较静态苛刻得多的一个条件），就像我们在真空的条件下做机械和物理实验一样，尽管在一定程度上它对于我们认识资本市场的微观结构具有不可替代的作用。然而，由于市场参与人不是同质的：得到信息的时刻不同，即使得到信息的时间相同，也会有对信息的不同理解；证券市场中的股票会存在供给 - 需求价差（bid-ask spread）而使交易无法立刻进行；还有证券市场的参与者花费成本去主动收集信息来获取套利机会；税收、交易成本、涨跌停板的存在，各种宏观政策，经济政策、产业政策等，这些都会使证券市场的无摩擦是不可能的。既然有摩擦，不同行业、不同大小的上市公司，会得到不同类型、不同风险偏好投资者不同程度的关注，那么能够引起股票价格波动信息会在股票价格中得到体现，相同信息在相同条件下有的股票价格会迅速调整来“消化”该信息，而有的可能时间较长。

许多研究发现现实市场中的交易价格与在无摩擦条件下的运动是有区别的。奥菲尔德 - 罗加斯基 - 杰罗（Oldfield - Rogalski - Jarrow，1977）研究表明交易到达的最好描述是跳跃过程而不是扩散过程（如布朗运动），在随后科恩 - 迈尔（Cohen - Maier，1979b）的研究中发现这种非连续交易解释了市场中许多交易者买卖报价的价差问题。戈德曼 - 贝加（Goldman - Beja，1980）的基于真实价格和理论上、无摩擦的均衡价格间差别的股票价格动态行为模型较好地解释了有关股票收益的方差、相关、专家的角色等问题。戈德曼 - 索辛（Goldman - Sosin，1978）发现当信息不是自由和即时获得的时候，风险中性投机者与风险厌恶投资者的相互作用行为阻碍了市场对新信息的“消化”。考普兰德和加尔曼（Copeland & Garman）

等研究表明即使价格的潜在生成机制是随机的，收益也可能是自相关的，斯科尔斯 - 威廉姆斯（Scholes - Williams）等研究表明交易过程延迟会导致贝塔的估计是有偏的。很多研究表明市场微观结构偏差，如价格调整延迟（price adjustment delay）、非同期交易（异步交易）等会使得价格和收益行为偏离无摩擦的理性市场状态而引起股票或股票指数的收益会出现自相关和不同股票收益之间的交叉相关现象。因为有关领先滞后研究的很多文献都把价格调整延迟、非同期交易①问题作为研究领先滞后关系问题首先考虑的因素，本书后面的研究也多次提到价格调整延迟和非同期交易（异步交易），因此我们把这归结为领先滞后关系的理论背景是恰当的。

2.2.1 价格调整延迟

2.2.1.1 价格调整延迟的定义及相关原因

价格调整延迟是指相对于无摩擦的市场条件而言，由于市场机制、市场摩擦和公司特定的因素而引起的股票市场价格对信息的合并速度存在时滞。

为了更好地理解价格调整延迟对股票价格动态的影响，考虑如下的一个简单模型：定义股票的收益是经过分红和拆股调整之后价格的自然对数，假定在一个无摩擦的世界里，r_{jt} 表示股票 j 在一个连续的离散时间段 t 生成的一系列“真实”收益，若交易过程中有摩擦存在，我们将仅能取得一系列可观察到的收益 r_{jt}^{0}，那么给二者定义如下模型：

$$r_{jt}^{0} = \sum_{n=0}^{N} (\alpha_{j,t-n,n} r_{j,t-n} + \theta_{j,t-n,n}) \tag{2-23}$$

① 因为价格调整延迟、异步交易我们在论文中多次提到。这里有必要对其概念及其与领先滞后关系的关系作一下介绍。

其中，随机变量 $\alpha_{j,t-n,n}$ 表示股票 j 在阶段 $t-i$ 生成的“真实”收益而实际上被合并到阶段 t 可观察到收益的比例；或者说，α_s：$\alpha_{j,t,0}$，$\alpha_{j,t,1}$，…，$\alpha_{j,t,n}$ 表示一个延迟分布，表明阶段 t 生成真实收益是如何冲击阶段 t 和 t 以后 N 个将来阶段可观察到的收益。

随机变量 $\theta_{j,t-n,n}$ 反映买卖价差对可观察到收益的直接冲击。交易价格在买卖价格之间波动，任意选定一个出价作为基础价格水平，那么式（2-23）可以描述如下：

$$\theta_{j,t,0}=\begin{cases}\text{最后交易时刻的市场展期} & \text{若：在时段 t 存在一个交易而在时段 } t \text{ 之前的最后一次交易是以要价而成交}\\ 0 & \text{其他情况}\end{cases}$$

$$\theta_{j,t,p}=-\theta_{j,t,0} \quad \text{若时段 t 交易成功之后的首次成功交易在 } t+p \text{ 时段}$$

$$\theta_{j,t,n}=0 \quad \text{对于所有的 } n$$

式（2-23）中的 α_s 反映各种各样因素的冲击，也即价格调整延迟。若对所有的 $l<n$，定义股票 j 的价格延迟比股票 k 有严格大的期望价格调整延迟，那么由股票 j 在阶段 t 生成的期望反应，在区间（0，l）股票 j 可观察到收益的真实收益就会大于股票 k，各种价格调整延迟包括如下几种：

（1）成交价格的调整滞后于报价价格调整。一般而言，在每一个固定长度（如一天）连续度量区间内，收益是按照该区间内的最后成交价格计算的，即使没有成交，报价也会及时更新的，最后交易一般发生在交易时段结束前的一个随机点，这样收盘价有时仅反映过时的信息。

（2）做市商会根据仓位阻碍报价调整。阿米胡德－门德尔松（Amihud－Mendelson，1979）通过构建模型发现任何做市商的报价依赖于其存货的头寸。如果做市商/专业投资者处于一个非均衡的状态，即处于完全满仓或空仓，这样他就会在随后的报价逐渐降低仓位或提高仓位来消除其非均衡的存货位置（仓位），而不管这一期间到达市场的信息如何。尽管我国目前没有做市商机制，但是一些资金量很大的机构投资者和私募基金就扮演了这一角色，尤其目前的大小非解禁阶段更是如此[①]。实际上，在日内交易过程中，我们经常会发现那些逆势而为的股票，比如某一个交易日的上午有利好消息到达市场，大部分股票都会对这一消息做出反应，这时就有一些股票不但没有上涨而是下跌，这说明主力的仓位太重，借利好降低仓位；或者有一天利空消息到达市场，大部分股票都在下跌，却存在一些股票不但没有下跌反而上涨，这说明主力仓位较低，而对该股票的预期看好，就会利用这一消息增加仓位，这样会出现这些股票价格间对信息反应的不同速度。

（3）基于单个交易者的报价价格滞后[②]。在交易成本给定的情况下，投资者或者投机者觉得最优选择是把一些消息累积到一起进行阶段性回顾，而不是每到达一条消息就对这些消息的意义进行连续评估。因此，传递到市场的新指令（限价指令）部分包含了过去的信息，而且连续地观察市场价格变化的时间成本是很高的，有一些限价指令由于长时间没有撤单使得这些指令是过时的。因此，经过一段时间这一过时的限价指令真的成交了，但是他也仅是反映过去的信息，而不是即时的信息。另一种情况就是，一些大的交易单子，由于其对于小公司股票而言的较大冲击成本，使得这些大单子的交易者故意把这些大单子拆成若干个小单子进行交易，这些小单子的拆分就延长了交易时间，交易时间的延长势必使得股票价格对信息的反应速度变慢。

（4）除了上面基于买卖价差考虑的价格调整延迟外，由于不同

---

① 尽管我国目前还没有做市商制度，但是一些机构会在大宗交易时大量买入那些它们看好的股票（大小非减持的股票），然后在二级市场上卖出。还有的机构投资者对于那些因为流动性问题而不得不抛售的股票大量买入，这些都扮演了做市商的角色。

② 单个报价是指一些个人投资者没有那么多的时间和精力连续的看盘，这样不但会存在很高劳动强度，而且还会存在负面的心理成本，很多投资者会根据自己的判断提前把交易指令传递到市场。即挂单操作。

规模股票的信息收集和处理成本不同、受到投资者关注程度不同会引起这些股票合并信息速度存在差别（这会在股票的交易量换手率上存在差别[①]），而使得这些股票间的价格调整存在相对延迟，进而引起收益间的领先滞后关系（我们在文献综述中会给予介绍）。

2.2.1.2　几种价格调整延迟对股票收益的非零序列相关和交叉序列相关的影响

即使证券收益真实收益是零自相关的，其观测收益可能是非零自相关。由式（2 – 23）可以看出当交易价格在买卖价差之间随机波动时，$\theta_n s$ 可导致收益呈现负的序列相关。当 $n>0$ 时由 α_n 决定的序列相关符号依赖于它们的具体结构，戈德曼 – 索辛（1979）表明当价格异常的高或低时是因为新信息注入到市场价格中，结果是 α_s 未必总是单调衰减函数[②]。

尤其是对那些对市场洞察力很差的并试图消化所有市场盈余需求的专业投资者可能会导致可观察到收益负的自相关（尤其当相对于真实收益存在非零漂移时），这相当于“干预”市场，因为这些专业投资者并没有完全区分其所消化的盈余需求是由于流动性引起的还是由于信息交易者引起的。但是，如果“干预”过多却反而导致可观察收益的正的序列相关[③]。这种情况可能是源于专业投资者的干预来提供价格的连续性、洞察力很高的专业投资者吸收当前需求的随机成分、专业投资者/做市商消除其非均衡的存货头寸、大的交易指令的拆分等，还有没能及时更新限价指令也会导致正的序列

① 梅克（Mech，1993）发现交易量与信息处理机制有关，这样可能会导致价格调整延迟。

② 因为市场信息会经常到达市场来影响股票价格，这样就会干扰股票价格自己原来的波动趋势。

③ 这种过多的“干预”会使得其他投资者认为该股票定价过低或者是将有什么利好消息而跟着买入。

相关。负的序列相关的另一种来源就是专业投资者的干预来满足深度需求，这样可以突破 NYSE 对价格变化规模的限制。大部分文献的实证证据表明证券收益存在非零自相关，但是对于自相关的大小和符号存在争议，规模较小公司的股票收益存在负的自相关，规模较大公司的股票收益存在正的自相关。

下面我们分析一下为什么价格调整延迟可以引起交叉序列相关以至于领先滞后关系。既然不同公司股票的价格调整延迟会有所差别，那么观察到的收益就不会对信息集作出准确地反映。根据式（2－23）我们假定观察到的收益与真实收益有关，根据市场模型，每一个证券的真实收益有如下方程给出：

$$r_{jt} = \alpha_j + \beta_j r_{Mt} + \varepsilon_{jt} \tag{2-24}$$

首先，由该式可以得出，证券 j 和 k 的一阶序列交叉相关为非零的，而且符号为 $\beta_j \beta_k$。若我们假定市场指数为证券 k，则有 $\beta_k = 1$，这时证券 j 和市场间（证券 k）的一阶交叉序列相关（领先滞后）非零，且符号为 β_j。若 k 和 j 分别为两个证券组合，由于大部分证券有正的贝塔，证券间观察到收益的一阶序列相关系数为正。其次，我们知道证券组合的自相关是其成份证券自相关和这些证券间的交叉相关函数，若构成证券组合的证券数量较多，则证券间的交叉序列相关就会占优于单个证券的自相关，因此无论构成证券组合的单个证券自相关符号为正还是负，都会有证券组合的短期相关系数正，这也是罗和麦金利等认为交叉序列领先滞后关系是反转交易策略收益来源的原因。再次，价值加权指数将会给大公司股票较大的权重，由于这些股票的较小价格调整延迟而使得他们之间表现出较弱的交叉序列相关，因此价值加权市场指数的自相关程度小于等权重自相关指数[①]。最后，适当延长样本区间可以使得自相关或交叉

① 这也是我们本书研究不同股票组合的领先滞后关系时采用价值加权的原因。

序列相关程度减弱（区间效应）[①]。

价格调整延迟除了受到研究区间长度的影响，还受到分析强度的影响。一般而言，我们期望较大的股票能够得到较高频率和较高强度的分析。那么交易的单子就会反映更多的即时信息。在一定程度上说，证券分析又可产生有用的信息，较高强的分析应该增加投资者预期的同质性；随着投资者预期的同质性越强，价格调整延迟将会被缩短。那么在市场的高涨时期这种现象将会更加明显。这将体现在以下两个方面：①任何同意市场对某种证券价值评估的投资者便不会进行对他所持有的证券再进行评估后再交易。一方面那是没有必要的，另一方面可能错过最佳交易时机。②市场对某种证券的需求弹性越大，那么在既定交易下，会对证券价格有较小的冲击。因此这样会表现为具有不同分析师覆盖的股票收益间存在领先滞后关系。

2.2.2　异步交易

当经济时间序列被认为是按照某一个时间间隔来记录的，而实际上这些时间序列却呈现为另外的时间间隔，而且间隔的大小可能还没有规律性，这就产生了异步交易（非同期交易）效应，因为是费雪尔首先提出来的，也称费雪尔（Fisher，1966）效应。不同股票有不同的交易频率，因此任何交易的股票都不会以相同的方式进行，即使是同一只股票其交易强度在不同的交易小时和不同的交易

① 区间效应或时间累积效应是指抽样间隔极短的过程的参数就限定了抽样间隔长的数据的随机特性。例如，如果设定一个时期的长度为一天，那么月观测收益的矩可以表示为日观测收益过程的参数的函数。区间效应对股票价格自相关和交叉序列相关的影响取决于股票组合构成的股票自身的特性，其自身的无交易概率，如果无交易概率很大（交易很清淡），那么这种区间效应对组合收益相关特性的影响就很强。

天内也会是不同的。这就会引起资产收益，特别是股票收益的异步交易效应①。

对于日收益数据而言，这种异步交易效应可能会引起股票收益的如下三种情况：①股票收益间的滞后一阶交叉相关，②组合收益滞后一阶序列相关，③在有些情况单个股票收益的负的序列相关。下面看一个简单例子，假定股票 A 和股票 B 的收益彼此独立，但是股票 A 不如股票 B 交易频繁。若某一天临近收市时传来影响整个股市的信息，那么仅仅因为股票 A 的交易不频繁而使得该股票在消息传来后可能没有新的交易，股票 B 的收盘价反映了这一信息。这样股票 A 的价格会在第二天对该条信息做出反应，但是由于它的反应有时滞，所以这种滞后反应不但会造成股票 A 与股票 B 以收盘价计算的日收益的伪交叉序列相关②，而且也会造成股票 A 的日收益的伪正的自相关。因为在股票 A 的无交易区间，它的观测收益为零；而当股票 A 发生交易时，它的观测收益就会恢复到了累计平均收益水平。在更复杂情况下，异步交易可以引起单个股票的错误的负序列相关，许多文献模型对这一情况加以研究（见 Campbell et al.，1997）。

最初的异步交易模型用来探究该现象对资产定价模型（CAPM）和套利定价模型（APT）实际应用的影响效果，如费舍（Fisher，1966）；科恩、迈尔、施瓦茨和怀特考布（Cohen，Maier，Schwartz & Whitecomb，1978）等。而近期的研究将注意力集中在自相关和交叉序列相关上，如阿奇逊、巴尔特和希蒙德斯（Atchison，Bulter & Simonds，1987）；罗和麦金利（1990b）等。

① 这在现实中是非常普遍的，在给定时刻，不同股票对同一信息的反应程度是不会相同的。我们通过观察不同股票分时图就会得出这样的结论。

② 很多学者都不认为异步交易是交叉序列相关的主要原因（仅是其表面原因），因此我们这里加个“伪”字。

下面我们在 LM 模型的基础上详细分析一下异步交易对交叉序列相关的影响。假定证券 i 第 t 期内不可观测的（真实）连续收益总和记为 r_{it}，该真实收益代表交易中不存在摩擦和制度刚性的情况下证券基本价值的变动，它的变动既反映了公司特定信息，也反映了整个经济系统的影响效果。而且在无摩擦情况下，该收益等于观察到的收益。假定证券 i 在把固定时间长度等分的每一时期内不发生交易的概率记为 π_i，证券 i 交易与否与真实收益序列 $\{r_{it}\}$ 相互独立。那么无交易过程可以看作二项分布，并且假定不同证券的无交易概率不同。

将证券 i 的观测收益记作 r_{it}^0，r_{it}^0的值取决于证券 i 在第 t 期内是否发生交易。如果证券 i 在第 t 期内没有发生交易，则观测收益为 0。如果证券 i 在第 t 内发生交易，则令观测收益等于第 t 期内与在这以前所有连续无交易时期内的真实收益之和。例如，考虑 5 个连续时期，证券 i 在第 1、第 4、第 5 期内发生了交易，而在第 2、第 3 期内没有发生交易，根据上面定义，证券 i 在第 5 期内的观测收益就是真实收益，即 $r_{i5}^0=r_{i5}$，在第 2、第 3 期内的观测收益为 0，即 $r_{i2}^0=r_{i3}^0=0$，而第 4 期内的观测收益 $r_{i4}^0=r_{i2}+r_{i3}+r_{i4}$。

为了更清晰地认识异步交易对观测收益、交叉序列相关的影响。下面看一看观测收益的更一般定义：

$$
r_{it}^0=\begin{cases}
0 & \text{概率为 } \pi_i \\
r_{it} & \text{概率为 } (1-\pi_i)^2 \\
r_{it}+r_{it-1} & \text{概率为 } (1-\pi_i)^2\pi_i \\
r_{it}+r_{it-1}+r_{it-2} & \text{概率为 } (1-\pi_i)^2\pi_i^2 \\
\vdots & \vdots \\
r_{it}+r_{it-1}+r_{it-2}+\cdots+r_{it-k} & \text{概率为 } (1-\pi_i)^2\pi_i^k \\
\vdots & \vdots
\end{cases}
\tag{2-25}
$$

其中，π_i 表示证券在某一时刻不发生交易的概率。根据这一定义可以得出观测收益的期望和方差如下：

$$E(r_{it}^0)=\mu,\ Var(r_{it}^0)=\sigma^2+\frac{2\pi\mu^2}{1-\pi} \tag{2-26}$$

对于具有不同非交易概率的单个证券而言，真实收益的期望和方差是不同的，但是如果观测收益序列的协方差平稳，就有如下公式：

$$E[r_{it}^0]=\mu_i \tag{2-27}$$

$$Var[r_{it}^0]=\sigma_i^2+\frac{2\pi_i}{1-\pi_i}\mu_i^2 \tag{2-28}$$

$$\mathrm{Cov}[r_{it}^0,\ r_{jt+n}^0]=\begin{cases}-\mu_i^2\pi_i^n & i=j\text{时},\ n>0\\ \dfrac{(1-\pi_i)(1-\pi_j)}{1-\pi_i\pi_j}\beta_i\beta_j\sigma_f^2\pi_j^n & i\neq j\text{时},\ n\geqslant 0\end{cases} \tag{2-29}$$

$$\mathrm{Corr}[r_{it}^0,\ r_{it+n}^0]=\frac{-\mu_i^2\pi_i^n}{\sigma_i^2+\dfrac{2\pi_i}{1-\pi_i}\mu_i^2},\ n>0 \tag{2-30}$$

其中，$\sigma_i^2=Var[r_{it}]$，$\sigma_f^2=Var[f_t]$.

从式（2-28）和式（2-29），发现无交易现象①不会对观测收益的均值产生影响，但是若证券的期望收益不为零，无交易现象会使得观测收益的方差扩大（因为在无交易期间，证券的观测收益为零，而在交易期间，观测收益就恢复到它的累积平均收益水平）。这样会有单个证券观测收益领先和滞后的负序列相关。更重要的是从式（2-29）可以看出观测收益交叉序列协方差的符号由 $\beta_i\beta_j$ 的符号决定。该式关于 i 和 j 非对称：如果 $\pi_i=0$，$\pi_j\neq 0$，那么对任意

① 针对单个证券而言是无交易问题，但是对于多个证券之间而言，就是异步交易问题。因此我们通过探讨无交易问题来分析异步交易问题。

$n>0$，r_{it}^0和 r_{jt+n}^0会存在伪交叉序列协方差，但是 r_{jt}^0和 r_{it+n}^0间不存在伪交叉序列协方差。这个例子可以由下面的模型表述：

若我们假定证券的真实收益服从如下一元模型：

$$r_{it}=\mu_i+\beta_i f_t+\varepsilon_{it},\quad i=1,\ 2,\ \cdots,\ N,\tag{2-31}$$

$$r_{jt}=\mu_j+\beta_j f_t+\varepsilon_{jt}\quad j=1,\ 2,\ \cdots,\ N\tag{2-32}$$

其中，f_t 是一个均值为零的影响证券 i 和 j 公共因素影响因子；ε_t 为均值为零的干扰项，且在时间序列和横截面上独立。假定各期的公共因素 f_t 独立同分布，而且与 ε_{t-k}独立。由于证券 i 和证券 j 有共同的影响因子 f_t，所以当证券 j 无交易时，交易频繁的证券 i 的收益就可以预测证券 j 的收益。证券 j 在第 t 期无交易就隐含了其将来的观测收益 r_{jt+n}^0是过去所有实际收益 r_{jt+n-k}的加权平均。由于同期的实际收益是相关的（二者有共同的公共因子），所以 r_{it}^0能够预测 r_{jt+n}^0。但是由于 r_{it}^0不能预测自己①。故对任意 $n>0$，r_{jt}^0与 r_{it+n}^0不相关。我们再考虑上面股票 A 和股票 B 的例子。若假定股票 A 在第 1、第 2、第 4、第 5 期交易，而股票 B 在第 1、第 2、第 3、第 4、第 5 期交易，这时股票 A 在第 4 期的观测收益为，$r_{A4}^0=r_{A3}+r_{A4}$，而股票 B 的观测收益为 $r_{B3}^0=r_{B3}$，若某一市场因素在第 3 期到达市场，由于受到该共同因子的影响使得 r_{A3}与 r_{B3}之间体现很强的相关关系，因此有 r_{A4}^0与 r_{B3}^0相关，即：$cor(r_{Bt-1}^0,\ r_{At}^0)>0$。这样的例子在现实中是经常存在的，如在钢铁行业某一只股票，马钢股份在 6 月 17 日召开股东大会停牌，6 月 17 日受到国家关于钢铁行业新产业政策公布的刺激，使钢铁股普遍上涨，马钢股份会在 6 月 18 日开盘后大幅上涨，这样除了会引起马钢股份股票收益序列的自相关外，还会引起其股票收益与其他钢铁公司股票，甚至与其他非钢铁行业公司股票收益

① 我们前面假定 r_{it}独立同分布当 $\pi_i=0$ 时，$r_{it}^0=r_{it}$。

间的交叉序列相关。

对于异步交易这一问题而引起的自相关和交叉序列协方差，不同学者有不同的看法。在忠诚于有效市场假说的学者眼中，它引起的交叉序列协方差为伪交叉序列协方差，而其他的大部分学者也不把异步交易问题看成是引起领先滞后关系背后的主要原因（潜在原因）。异步交易问题作为呈现在学者（投资者）面前的股票间价格相对变化的外在现象，把它作为领先滞后关系的研究背景（出发点）还是可以的，但是把它作为领先滞后关系背后的深层次原因还是有些肤浅。在费舍（1966）引入异步交易时是把交易清淡作为其原因，这样的话异步交易程度会随着市场流动性的不同而存在差别。当市场人气旺盛、流动性充裕的时候，异步交易问题就会减弱，那么由其所支撑的自相关和交叉序列相关问题也会减弱。

总之，这些交易过程中的摩擦而导致的价格调整延迟、异步交易（非同期交易）会随着证券的不同有所差别，如单个证券日收益的序列相关、不同规模公司对市场范围信息的不同反应速度而引起的交叉序列相关、领先滞后关系。

第3章　国内外文献综述

3.1　国外研究的文献综述

从第2章的分析表明，有效市场的一些条件在现实中很难满足，无论是交易机制（交易成本、涨跌停板、卖空限制等）还是市场摩擦的存在（价格调整延迟、买卖价差、异步交易等）都可能使得单个证券、证券组合、市场指数收益表现出一定的预测特性：单个股票收益的自相关（大公司股票的弱的正的自相关、小公司股票较大的负的自相关）、组合股票收益、市场指数收益的正的自相关。例如法玛（Fama，1965）发现道琼斯30股票收益存在显著自相关，吉布斯和弗森（Gibbons & Ferson，1985）通过时变风险溢价潜变量模型，将资产收益期望表达成与具体经济状态相联系的条件期望，因此贝塔系数、风险溢价的期望值都是时变的。康拉德和凯尔（1988）的研究表明，时变期望收益解释了周和月度收益的大部分方差，尤其是小公司月度收益更是达到了25%，康拉德、凯尔和尼马莱德兰（Conrad，Kaul & Nimalendran，1991）发现股票组合周和月度收益是正的自相关，还有股票之间收益的交叉序列相关等。罗和麦金利（1988，1990a）（以下简称“LM”）发现组合收益的序列相关可能源于其构成证券之间的交叉序列相关，而且这种交叉序列相关是非对称的。

这些都说明股票价格并不完全服从随机游走特性，会表现出一定的惯性和反转等，这样就表现出一些短期可预测性。尤为显著的是 LM 在对其反转交易策略收益来源的研究发现：当期小公司股票组合收益与滞后大公司股票组合收益正相关，但是反方向关系不成立。这种现象可以用小公司股票组合对信息冲击的价格调整滞后，而这些信息已经提前反映在大公司股票投资组合中。LM 进一步研究发现由于交易清淡（thin trading）而引起的非同期交易并不是这一现象的唯一原因。

围绕着这一非对称交叉序列领先滞后关系，国外学者从理论和实证方面试图给予解释①，目前争论比较大的观点可以分为如下三种：

第一种认为，这种不同规模证券组合收益间的交叉序列领先滞后关系是虚假的，并不存在理论基础。博多克、理查德森和怀特劳(1994)、康拉德和凯尔（1988）、哈密德（1997）等认为大公司股票组合收益与小公司股票组合收益间的非对称交叉序列领先滞后关系是源于组合自相关和组合同期相关，即

$$\mathrm{Corr}(R_{it},\ R_{jt-1}) = \mathrm{Corr}(R_{it},\ R_{jt}) \times \mathrm{Corr}(R_{it},\ R_{it-1}) \quad (3-1)$$

由于大部分股票对市场范围信息冲击都会作出即时反映，这样股票的同期相关是很高的，而小公司股票由于市场微观结构偏差[如异步交易（Cohen et al. , 1986）；Lo & Mackinlay, 1990b）]、价格离散、买卖价差（Conrad et al. , 1992）、交易成本（Mech, 1993）等、制度结构［交易机制，交易/非交易阶段（Bessembinder

① 当然这些解释是基于一定的经济理论基础的，如我们上面提到的有成本的信息交易和不完全信息问题。

et al. ，1993）］使得这些股票表现出较强的自相关模式：大部分是正的自相关（反应不足），也会是负的自相关（过度反应）。这种交叉序列领先滞后关系的大小取决于构成小公司股票组合股票的自相关程度，而不是其收益中包含的信息是否少于大公司股票。他们在把小公司股票组合收益对自身滞后收益以及大公司股票组合滞后收益进行回归时发现，小公司股票组合滞后收益是显著的，而大公司股票组合滞后收益却不显著，说明在控制自身相关之后，大公司股票组合滞后收益的解释力消失了（Conrad et al. ，1991）等。

为了更清晰地表明这种小公司股票自相关而引起的“虚假”交叉序列领先滞后关系，下面列举博多克等（1994）的事例，他们以美国股票市场1962～1990年的数据为样本，按照规模构建5个投资组合，并用如下的AR（1）模型来描述收益的生成机制：

$$R_{it} = \alpha_i + \beta_i R_{it-1} + \varepsilon_{it}, \quad \forall i \tag{3-2}$$

其中 ε_{it} 为对股票收益的意外信息冲击，对不同股票的信息冲击是同期相关的。

对式（3－1）进行迭代可以得出下式：

$$R_{it} = \frac{\alpha_i}{1-\beta_i} + \sum_{k=0}^{\infty} \rho_i^k \varepsilon_{it-k} \quad \forall i \tag{3-3}$$

用式（3－2）计算 R_{it} 与 R_{jt-1} 之间的一阶交叉序列相关，以及二者的同期相关。

表3－1C给出5个投资组合隐含的交叉序列相关值。表3－1B和3－1C表明隐含自相关与实际估计值之间非常相近。例如，对于组合3来说，其与组合1～5以及市场组合间的隐含交叉序列相关值分别为：0.194、0.213、0.219、0.214、0.200和0.217，而实际估计值分别为：0.189、0.209、0.219、0.223、0.210、0.219，其隐含计算值为：$\mathrm{Corr}(R_{3t}, R_{4t-1}) = \mathrm{Corr}(R_{3t}, R_{4t}) \times \mathrm{Corr}(R_{3t}, R_{3t-1}) = 0.977 \times 0.219 = 0.21396$，该值与0.223很接近。再看组合3与组合

5 间的隐含和实际值间的关系，隐含计算值为：$Corr(R_{3t}, R_{5t-1}) = Corr(R_{3t}, R_{5t}) \times Corr(R_{3t}, R_{3t-1}) = 0.913 \times 0.219 = 0.20$，该值与 0.210 也比较接近，通过计算其他数值看出这 5 对值之间是非常相近的。同样可以看出其他的组合也有类似情况。因此即使在大公司股票收益包含的信息不比小公司股票收益包含信息多的情况下，仍然可能存在较大的滞后交叉预测性。从小公司股票组合收益的较高程度自相关看，这种领先滞后关系仅是短期组合收益自相关模式的另一种表述。

表 3-1　　理论和实证上的领先滞后关系

A：实证的同期相关

	R_{1t}	R_{2t}	R_{3t}	R_{4t}	R_{5t}	R_{mt}
R_{1t}	1.000	0.939	0.886	0.830	0.720	0.920
R_{2t}	0.939	1.000	0.972	0.937	0.849	0.983
R_{3t}	0.886	0.972	1.000	0.977	0.913	0.990
R_{4t}	0.830	0.937	0.977	1.000	0.960	0.978
R_{5t}	0.720	0.849	0.913	0.960	1.000	0.920
R_{mt}	0.920	0.983	0.990	0.978	0.920	1.000

B：实证的交叉序列相关

	R_{1t-1}	R_{2t-1}	R_{3t-1}	R_{4t-1}	R_{5t-1}	R_{mt-1}
R_{1t}	0.362	0.357	0.346	0.328	0.284	0.352
R_{2t}	0.253	0.271	0.278	0.273	0.248	0.276
R_{3t}	0.189	0.209	0.219	0.223	0.210	0.219
R_{4t}	0.134	0.155	0.170	0.176	0.171	0.167
R_{5t}	0.033	0.049	0.063	0.069	0.070	0.058
R_{mt}	0.210	0.225	0.231	0.230	0.210	0.231

C：隐含的交叉序列相关

	R_{1t-1}	R_{2t-1}	R_{3t-1}	R_{4t-1}	R_{5t-1}	R_{mt-1}
R_{1t}	0.362	0.340	0.321	0.300	0.260	0.333
R_{2t}	0.254	0.271	0.263	0.253	0.230	0.266
R_{3t}	0.194	0.213	0.219	0.214	0.200	0.217
R_{4t}	0.146	0.165	0.172	0.176	0.169	0.173
R_{5t}	0.050	0.059	0.064	0.067	0.070	0.064
R_{mt}	0.212	0.227	0.229	0.226	0.212	0.231

第二种观点与第一种观点非常类似。持这种观点的人认为市场是有效的，但是即使在无摩擦条件下（无摩擦是有效市场假说的前提条件之一），短期收益仍有可能是自相关的，而且这种非对称交叉序列领先滞后模式可以用时变期望收益来解释：小公司股票组合收益的较大预测性是由于这些公司对持续延迟因子的较高程度暴露，而不是如一些学者所说的价格调整延迟。为了深刻认识这一点，下面看一个简单模型：

若组合 i 的收益 R_{it}，那么可以把组合 i 的收益分解为两个正交成分：以时段 $t-1$ 信息为条件的时段 t 期望收益成分，μ_{it}，以及非预期的收益成分，ε_{it}：

$$R_{it}=\mu_{it}+\varepsilon_{it} \tag{3-4}$$

期望收益 μ_{it} 是由于共同宏观（普通）信息引起的，由于变量对宏观（普通）信息的反映一般都有时滞或者惯性，可以假定期望收益的时间序列运动遵循稳定的一阶自回归过程，即：

$$\mu_{it}=\phi_i\mu_{it-1}+\omega_{it} \tag{3-5}$$

因为任何两个证券都会对宏观（普通）信息做出及时反应，不同证券间的扰动项 ω_{it} 应该同期相关，即：

$$\mathrm{Cov}(\omega_{it},\ \omega_{jt})=\sigma_{ij} \tag{3-6}$$

这样任意两个证券的交叉自协方差应该为如下形式：

$$\mathrm{Cov}(R_{it},\ R_{jt}) = \phi_i \sigma_{ij} \tag{3-7}$$

因此小公司股票组合当期收益与大公司股票组合滞后收益间的交叉自协方差仅依赖于小公司股票组合期望收益成分自相关 ϕ_i 的大小。期望收益成分变化水平的差异足以解释这种非对称领先滞后关系。

上面仅从普通定价模型考虑，下面考虑条件形式的因子定价模型，条件期望收益与条件期望因子风险补偿线性相关：

$$E_{t-1}(R_{it}) = R_{ft} + \sum_{k=1}^{K} E_{t-1}(\beta_{ikt} f_{kt}) \tag{3-8}$$

这里 R_{it} 为资产 i 的收益（$i=1,\ 2,\ \cdots,\ N$），R_{ft} 为无风险资产收益，f_{kt} 为第 k 个不可观测因子组合的超额收益（$k=1,\ 2,\ \cdots,\ K$），β_{ikt} 为资产 i 对第 k 个因子的敏感度。关于任何资产收益的预测行为是由于因子风险补偿和贝塔（反映特定资产风险程度）变化的结果。为了更直观表述这一结论，下面列举出单因子模型和两因子模型。

1. 时变贝塔的单因子模型

若组合 i 的收益由如下单因子模型生成：

$$R_{it} = R_{ft} + \beta_{it} f_t + \varepsilon_{it} \tag{3-9}$$

由于所有收益预测性源于期望收益成份，异质性误差项 ε_{it} 是序列不相关的。同样可用如下一阶自回归过程来描述贝塔和共同因子中的可预测变量：

$$f_t = \phi f_{t-1} + \omega_t \tag{3-10}$$

$$\beta_{it} = \delta_i \beta_{it-1} + e_{it} \tag{3-11}$$

若假定对贝塔的冲击是同期相关的，$\mathrm{Cov}(e_{it},\ e_{jt}) \neq 0$，且再假定共同因子独立于组合贝塔，因子方差用 σ^2 表示。那么任意两个组合 i、j 间的交叉自协方差为 $\mathrm{Cov}(R_{it},\ R_{jt-1}) = \delta_i \mathrm{Cov}(e_{it},\ e_{jt}) \phi \sigma_f^2$。

该式表明：若组合 i 比组合 j 的贝塔有较大可预测变量（$\delta_i > \delta_j$），则组合收益的交叉自协方差就不会是对称的。在贝塔风险中具有最高可预测变量的组合收益就会跟其他组合收益存在交叉序列相关以至于领先滞后关系。

2. 常数贝塔的双因子模型

若假定收益的预测性来自两个共同因子，则模型可以表述如下：

$$r_{jt} = \beta_{j1} f_{1t} + \beta_{j2} f_{2t} + \varepsilon_{jt} \quad j = 1, 2, \cdots, N \tag{3-12}$$

同样可以假定共同因子服从如下一阶二元自回归稳定过程：

$$f_{kt} = \phi_{k1} f_{1t-1} + \phi_{k2} f_{2t-1} + \omega_{kt} \quad k = 1, 2 \tag{3-13}$$

其中 ω_{kt}代表非预期因素冲击（如股票数量的供给增加），序列无关而且与共同因子无关，且 $\mathrm{Cov}(f_{it}, f_{jt-1}) = c_{ij}$，$i$，$j = 1$，2 表示因子间的无条件交叉自协方差。那么组合收益间的交叉自协方差为：

$$\mathrm{Cov}(r_{it}, r_{jt-1}) = \sum_{k=1}^{2} \sum_{l=1}^{2} \beta_{ik} \beta_{jl} c_{kl} \tag{3-14}$$

因此小公司股票组合与大公司股票组合超额收益间交叉自协方差的差：$\mathrm{Cov}(r_{St}, r_{Lt-1}) - \mathrm{Cov}(r_{St-1}, r_{Lt})$（$r_S$，$r_L$ 分别表示小公司组合和大公司组合收益）可以表示为：

$$\beta_{S1}\beta_{L2}[c_{12} - c_{21}] - \beta_{S2}\beta_{L1}[c_{12} - c_{21}] \neq 0 \tag{3-15}$$

其中 c_{12}表示因子1当期实现值与滞后因子2的协方差，同理有 c_{21}。

若式（3-15）中 $c_{12} \neq c_{21}$ 就有组合收益间的交叉自协方差是非对称的。这很容易满足，因为我们并没有限定因子间的交叉自协方差是对称的。现实中也是如此，例如许多宏观经济因素可用来解释均衡资产定价，而且许多研究把期限补偿、市场风险补偿当作是预测资产收益的工具变量，这些工具变量都具有显著的非对称预测力（Campbell，1987）。式（3-15）揭示收益自相关的非对称性表现在因子敏感大小的差别上。如上面的多因子方程不同组合收益对某一共同因子的反应程度不可能完全相同，如国家的某一宏观产业政策，对那些包含这一产业或者与这一产业关联度不同的行业对这一政策就会有不同反应，即使这些公司规模可能相同。如国家钢铁产业政策对钢铁行业、汽车行业、房地产行业的股票价格冲击就会有差别。陈和陈（Chan & Chen，1991）研究表明小规模公司倾向于对共同因子有较高的敏感性，因此有些共同因子很难用市场收益表示出来，这就要求小公司具有较高的平均收益来补偿。若这一因子是自相关的，在期望收益中的可预测变量比例依赖于组合收益与这一因子的协变程度。因此组合间收益非对称预测性因子中的时间变量以及不同因子敏感大小有差别。

根据这一理论，哈密德（1997）用两阶段静态因子计量方法来分析美国股票市场从 1962 ~ 1989 年的 *CRSP* 数据，表 3 – 2 给出 10 个规模分类组合的超额收益描述性统计量和方差协方差矩阵：

表 3 – 2　　　　周超额收益的描述性统计量

组合	均值	标准差	ρ_1	ρ_2	ρ_3	ρ_4	s_4	χ^2	p – 值
r_1	0. 0032	0. 0275	0. 252	0. 099	0. 070	0. 026	0. 447	116. 29	(0. 00)
r_2	0. 0030	0. 0266	0. 195	0. 080	0. 054	0. 026	0. 355	69. 34	(0. 00)
r_3	0. 0029	0. 0210	0. 186	0. 039	0. 063	0. 006	0. 294	60. 02	(0. 00)
r_4	0. 0027	0. 0207	0. 151	0. 059	0. 035	0. 026	0. 271	41. 28	(0. 00)
r_5	0. 0021	0. 0204	0. 126	0. 027	0. 063	0. 004	0. 22	29. 62	(0. 00)
r_6	0. 0023	0. 0192	0. 127	0. 036	0. 058	– 0. 021	0. 2	31. 26	(0. 00)
r_7	0. 0023	0. 0189	0. 105	0. 004	0. 064	– 0. 034	0. 139	25. 13	(0. 00)
r_8	0. 0022	0. 0200	0. 110	0. 000	0. 050	– 0. 022	0. 138	24. 19	(0. 00)
r_9	0. 0020	0. 0200	0. 069	– 0. 017	0. 064	0. 010	0. 126	14. 32	(0. 03)
r_{10}	0. 0020	0. 0198	0. 033	– 0. 026	0. 023	– 0. 029	0. 001	7. 14	(0. 31)

注：r_1 为最小公司组合收益，r_{10} 为最大公司组合收益。ρ_i 为 i 阶自相关系数，$i=1$，2，3，4，s_4 表示四阶自相关系数之和 χ^2 值为 Ljung – Box 检验统计量，主要是检验在滞后六阶收益自相关为零，圆括号内的值为 p 值。本表在参考文献［116］第 444 页并且作了适当修改。

从表 3－2 可以看出一阶自相关系数随着组合公司规模增大而单调递减。如组合 1 的一阶自相关系数为 0.252，组合 5 的一阶自相关系数为 0.126，组合 10 的一阶自相关系数为 0.033。从四阶自相关系数的和来看，四阶自相关系数的和也是随着规模增大而单调递减。而且各个组合自相关系数衰减速度随着组合规模的增大而增加，这说明小公司股票的因子敏感度衰减时间长，也表明存在一些原因影响小公司股票组合的自相关衰减速度。

分析表 3－3 和 3－4 发现，用真实收益计算交叉序列相关矩阵的值与用时变因子模型计算的隐含交叉序列相关矩阵的有些值非常接近。如组合 1 与组合 10 的滞后收益相关值为：$\mathrm{Corr}(r_{1t}, r_{10t-1}) = 0.224$，组合 10 与组合 1 的滞后收益相关值为：$\mathrm{Corr}(r_{10t}, r_{1t-1}) = 0.034$，该值与用真实收益计算的相关系数 0.201、0.030 非常接近[①]。类似有：$\mathrm{Corr}(r_{5t}, r_{10t-1}) = 0.132$，$\mathrm{Corr}(r_{10t}, r_{5t-1}) = 0.06$，与用真实收益计算的相关系数 0.105、0.052 也较接近。而且预测还体现非对称性，$\mathrm{Corr}(r_{1t}, r_{10t-1}) > \mathrm{Corr}(r_{5t}, r_{10t-1})$；$\mathrm{Corr}(r_{5t}, r_{10t-1}) > \mathrm{Corr}(r_{10t}, r_{5t-1})$。同时也表明关于交叉预测性的信息来自因子模型的系统性成份。

表 3－3　　组合真实收益滞后一阶交叉序列相关矩阵

	r_{1t}	r_{3t}	r_{5t}	r_{8t}	r_{10t}
r_{1t-1}	0.252	0.207	0.121	0.081	0.030
r_{3t-1}	0.248	0.186	0.110	0.077	0.027
r_{5t-1}	0.259	0.218	0.126	0.114	0.052

① 该样本的理论预测结果比真实计算值上偏，说明异步交易对该结论不构成重要影响。

续表

	r_{1t}	r_{3t}	r_{5t}	r_{8t}	r_{10t}
r_{8t-1}	0.240	0.210	0.134	0.110	0.059
r_{10t-1}	0.206	0.186	0.105	0.093	0.033

注：本表分别给出了组合1、3、5、8、10间的滞后收益相关值。见参考文献［116］第444页。

表3－4　由时变因子模型隐含的组合期望收益的交叉序列相关的估计值

	r_{1t}	r_{3t}	r_{5t}	r_{8t}	r_{10t}
r_{1t-1}	0.251	0.190	0.117	0.081	0.034
r_{3t-1}	0.253	0.197	0.128	0.093	0.048
r_{5t-1}	0.244	0.194	0.132	0.102	0.060
r_{8t-1}	0.240	0.193	0.135	0.106	0.066
r_{10t-1}	0.224	0.183	0.132	0.106	0.071

注：该表数值的估计模型为：$Cov(r_{t-1}, r_t) = (B\Phi \sum_f B)'$，其中 r_t 为10个组合的超额收益向量 $(r_{1t}, r_{2t}, \cdots, r_{10t})$，$f_t$ 为二维共同因子向量，且遵循二维向量自回归过程，$\Phi \sum_f$ 为共同因子的自相关矩阵。本表见参考文献［116］第445页。

从上面的理论模型和实证证据表明小公司股票组合收益滞后收益的因子敏感明显大于大公司股票组合滞后收益的因子敏感（较高程度的暴露），而且这种较高程度的暴露是由于小公司股票组合收益较大的因子敏感逐渐衰弱引起的（这是大公司股票滞后收益，可以看作小公司股票滞后收益的简单替代），这导致小公司股票组合的较高程度自相关。因此在对大公司股票滞后收益与小公司股票收益进行回归时发现：大公司股票的滞后收益并不是小公司股票当期收益的格兰杰原因。

哈密德（1997）深入研究还发现这种非对称的预测性（领先滞

后关系）并不是来源于价格调整延迟。其研究还发现在周收益组合中，交易量与自身相关以及交叉序列相关存在正关系，说明交易量可以当作共同因子，而且当交易量很高的时候，当期大公司股票收益与滞后小公司股票收益存在显著关系。

第三种观点也是大部分学者比较公认的观点：不同规模公司股票价格对公开（普通）信息的不同反应（调整）速度是这种领先滞后关系的主要原因。由于小公司股票较高的交易成本（这里的成本应该包括冲击成本）、受关注的程度不如大公司股票而引起较高的信息不对称和信息处理成本、交易清淡而引起的异步交易、买卖价差弹性以及做市商调整自己的存货[1]（仓位）等而使得其价格对公共（普通）信息的反应慢于大公司股票（Mech，1993；Jegadeesh & Timan，1995；Chordia & Swam-inathan，1996）。

凡是遇到收益相关性问题很多学者会首先考虑到异步交易的作用，因此本部分单独对其研究进行表述。一些学者认为是小公司股票交易清淡[2]（非交易）引起的异步交易（Fisher，1966）是小公司股票交易调整滞后的原因。但是异步交易对小公司股票价格调整滞后的影响程度学者之间存在争议。LM通过构建非交易模型来试图得出非对称交叉序列相关的封闭解，发现异步交易仅是一个原因，但不是主要原因。博多克、理察德森和怀特劳（1994）等认为LM的研究低估了异步交易对领先滞后关系的影响。他们认为LM的研究框架：股票在任一个固定时间间隔内的非交易概率不变、组合内股票的非交易概率同质而且与股票市场是协变的假设过于严格。实际上，非交易概率未必是时间独立的，尤其对日内交易而言信息流

① 其中后面的两个原因请见我们上面的提到的价格调整延迟的有关论述。

② 传统上来讲，一般碰到这种自相关和交叉序列相关的现象，学者们首先会想到异步交易问题。

是积聚的。并且，非交易概率可能是异质的、组合内股票与市场是协变的，特别是对于组合内的小公司股票更是如此。

首先，投资于小公司股票要面临较高的交易成本。格罗斯曼和斯蒂格利茨（1976）把市场上的交易者分为信息灵通交易者和噪声交易者并进行研究，发现信息灵通投资者的部分交易利用了内部消息。在事先给定消息灵通投资者交易在小公司更显著的条件下（因为小公司的交易规模小，使得消息对价格的冲击很大），况且由于小公司股票流动性上的限制使得机构投资者更青睐于大公司股票。比如，当一个机构投资者持有很大比例的小公司股票时，为了一个很好的行情而不得不低价卖掉手中的小公司股票来购买其他股票，或者看好一只小公司股票为了减少冲击成本而不得不将指令拆开来执行。理查德森和皮尔森（Richardson & Peterson，1997）认为交易成本是阻碍证券价格即时合并信息的因素之一：那些信息基础交易者根据有关股票的价值信息进行获利交易要克服的“门槛”，他们必须对这些信息进行累积到获利时才进行交易。对于小公司股票而言，除了上面提到的冲击成本外，还有信息不对称造成的信息风险。因此他们从交易成本角度探讨小公司股票对信息的调整存在滞后。

其次，相对于大公司股票而言，小公司股票受到投资者关注较少，因此小公司股票会存在较高的信息收集和处理成本（Merton，1987）。这样对于仅交易部分数量股票的投资者而言，投资于大公司股票的投资者会面临着投资于小公司股票的较高信息收集与处理成本①。若小公司股票的投资者仅从过去的股票价格来推断信息，那么只有当小公司股票投资者观察到大公司股票的过去价格后，才

① 这也是很符合实际的，我国股票市场共有 1 500 多只交易股票。对普通的人来说要想对每一只股票都了如指掌是不切实际的，实际上投资者交易自己比较熟悉的股票。频繁更换股票存在信息风险，尤其是小公司股票更是如此。

能改变其对小公司股票的价格变化预期①，即小公司股票价格对信息反映存在滞后。

阿蒂亚斯（1980，1985）从信息收集成本以及信息可获得性（差别信息）角度来探讨小公司股票价格对信息的调整存在滞后。阿蒂亚斯提出的差别信息假说假定信息的生产随着公司规模而增加。如果信息收集的成本是固定且与公司规模无关，那么对大公司股票从事错误定价的研究比对小公司股票更可行②。因此，大公司来自内部信息交易的收益会高于小公司。不同公司之间信息收集成本为常数的假定得到弗里曼（Freeman & Merton）的研究支持。默顿（1987）发现的证据表明信息收集成本与公司规模高度相关的一个因素。弗里曼（1987）提出三个因素补偿与大公司复杂性相联系的较高信息收集成本。第一，大公司股票比小公司股票提供较多种类的信息。第二，大公司股票拥有较高程度的金融新闻覆盖。第三，大公司股票比小公司股票更能受到证券分析家的关注。弗里曼断言，由于中期财务报告容易获得、分析家预测、行业预测、管理预测、甚至立法都会使大公司有较丰富的信息集。信息生产的成本不随公司规模而增加，那么信息收集的成本效果便不会随着公司规模增加那么容易感觉到，投资者通过观察大公司股票的价格变化可以推知可能的宏观经济信息或者产业信息，最后调整对小公司股票的价格预期。安德尔森、克拉克森和莫兰（Anderson，Clarkson & Moran，1997）提出：由于显著的信息缺乏，信息风险在小公司定价中起一定作用。因此阿蒂亚斯（1980，1985）等的研究表明：若

① 市场弱势有效是指当前价格完全反映了包含在历史价格中的所有信息。这一概念是指相同股票的价格，没有强调当前价格和历史价格，还是其他股票的历史价格。

② 这里的定价问题除了指公司股票价格受到自己公司业绩的支撑外，还应该受到当前和未来的经济形势（对未来的预期），一些投资者还要根据当前的经济运行情况来收集和判断有关国家未来的产业和经济政策的信息。而且这些信息还要被投资者及时准确地获得，这些信息量的差别会直接影响一些不同规模公司股票的价格。

信息收集成本是固定的常数，那么从事错误定价研究的刺激大公司股票比小公司股票更可行。

最后，霍奇斯、麦西哈和麦西哈（Hodgson，Masih & Masih，1999）对阿蒂亚斯（1980，1985）等在既定成本下，由于不同规模公司股票信息集的差别而引起大公司股票组合收益领先于小公司股票组合收益的观点进行修正。他们通过观察澳大利亚股票市场不同规模指数价格变化并进行研究，发现信息收集的动力不仅仅是信息收集成本的函数，而且也与潜在收益有关。这样从事有关小公司股票信息收集动力可能是不对称的。尽管不同规模公司的信息收集成本可能是常数，但潜在的支付结构（红利支付）会变化。他们通过观测发现股票将来收益的预期在价格上升阶段和情绪乐观时是增加的。同时，他们还假定若价格是有噪声的，不能作瞬时调整，则信息收集是在成本和期望收益之间的成本 - 收益折衷，那么信息收集的动力将会与同期的市场交易阶段有关（牛市还是熊市）。因此他们假定：在股票市场的乐观阶段（牛市阶段），小公司信息收集的高成本将被识别和投资于小公司的潜在高收益所超过。因此，他们提出与阿蒂亚斯不同的观点：在牛市阶段信息肯定会从小公司股票价格变动进而波及大公司股票价格变动。即小公司股票的收益起领先作用。而在熊市阶段，他们仍坚持阿蒂亚斯的观点：大公司股票组合收益领先于小公司股票的组合收益。

霍奇斯等提出假设以支持上面的观点：在牛市交易阶段投资者会首先收集小公司股票信息而不是大公司股票信息：①小公司股票的资本结构中与高比例的负债相联系的“杠杆效应”，这意味着，在牛市行情中，随着收益增加财务成本在总成本中会占有很小的比例。②小公司股票的高系统风险而使其在牛市中有较高的期望收益。③牛市阶段，交易增加会减少从观察到私人信息交易进行信息映射的可能性。

针对规模相关的领先滞后关系理论观点，国外很多学者对本国的股票市场进行实证检验。

康诺利和康拉德（Connolly & Conrad，1991）应用协整分析对美国市场大公司与小公司股票价格运动长期和短期协动关系进行研究，其研究结果不支持大公司与小公司股票价格运动存在协整关系，但其方法被许多人借鉴，康诺利等解释说这可能与美国股市弱势有效而且比较成熟有关。

马蒂凯内、佩图内和布托内（Martikainen，Perttunen & Puttonen，1995）用协整分析、误差修正模型，通过构建从小到大6个投资组合来研究芬兰股票市场（一个小规模证券市场）的大公司股票与小公司股票组合收益间的领先滞后效应。结果发现大公司股票组合收益对小公司股票组合收益存在显著信息冲击，这种信息冲击仅存在于短期水平，而反方向的信息冲击却不成立，这两个投资组合的价格之间存在微弱的协整关系。

霍奇森和麦西哈（1999）用单位根检验、多元约翰森协整检验、向量误差修正模型等经济计量方法研究澳大利亚大公司与小公司股票的价格运动，发现它们被滞后的因果关系联系，而且随着市场交易条件而变化。特别地，小公司股票在牛市阶段起价格领先作用，而在熊市阶段不存在这种领先作用；大公司股票的价格在这两个阶段起同等重要作用①。

洛哈尼（Nabeel E. AL - Loughani，2000）用单位根检验、协整分析、格兰杰因果检验等方法研究科威特股市是否存在与市场条件相联系的大公司股票与小公司股票收益间的领先滞后关系，结果发现大公司股票收益领先于小公司股票收益仅存在于短期水平上。

卡纳斯和卡莱塔斯（Kanas & Kauretas，2001）发现英国股票市

① 也即在澳大利亚股市不同规模公司收益间存在双向的因果关系。

场规模排序组合间的协整关系，他们也发现大公司股票组合收益领先于小公司股票组合收益，但是反方向不成立。

马歇尔和沃克（Marshall & Walker，2002）研究智利圣地亚哥股票交易所的交叉序列相关结构，他们发现大公司股票对信息的反应快于小公司股票，小公司股票对好消息反应存在滞后。

哈密德和库斯塔第（Hameed & Kusnadi，2005）等根据迈克奎、皮内加和托雷（Mecqueen，Pinegar & Thorley，1996）的思路研究日本股市场的非对称交叉序列关系以及市场条件对这种关系结构的影响。他们发现在美国市场上的价值排序组合收益受到短期市场条件显著影响，非对称交叉序列相关在短期上升状态明显高于其他市场状态。他们又把市场状态分为短期和长期进行比较研究，发现日本市场的交叉序列相关仅当短期下降状态和长期下降状态（下降－下降）显著。因此他们认为市场条件显著地影响交叉序列相关以及周股票收益的调整速度。在市场价值经历一段时间（短期和长期）下跌之后，当期小公司组合收益与滞后大公司组合收益存在显著正相关，收益间的显著交叉正相关跟较低的组合非正常交易量以及单个股票，尤其是小公司股票对市场范围负面消息反映存在较大的延迟有关。这种滞后的市场状态效应并不能由市场微观结构偏差来解释，如异步交易和交易清淡。

哈奎（Haque，2011）对澳大利亚股票组合进行研究，发现市值较大股票的回报率领先于市值小股票的回报率，认为市值大的行业领先滞后效应更强。迪米古尔等（Demiguel et al.，2013）分别用岭回归和 Var 两种模型对美国股市进行研究基于规模的领先滞后效应，研究发现除了自相关因素外，大规模公司领先于小规模公司。德拉考斯（Drakos，2015）研究发现在雅典证券市场中，不同规模公司之间存在领先滞后关系，不论时间长短均表现为大规模公司领先于小规模公司。莱赫曼和沙赫（Rehman & Shah，2017）研究卡拉奇证券交易所中投资组合之间的领先滞后效应，研究发现在牛市中大规模投资组合收益领先于小规模组合。卡姆博和瓦杜拉（Cambon & Vaduva，2017）通过对西班牙股市的实证分析证实了信息逐渐传递假说的观点，并且说明基于公司规模的领先滞后关系。

杰布卡（Gebka，2008）对公司的规模和交易量组合进行研究，发现在牛市中领先滞后效应与在熊市中表现不同，尽管表现不同，但领先滞后效应都是显著存在的，作者在此基础上又控制规模和交易量两个变量，但投资组合仍存在双向因果关系，这说明交易量和规模只是引起领先滞后关系的原因之一。

上面的实证研究探讨规模相关的领先滞后关系以及市场阶段对这种领先滞后关系的影响。但是却假定不同规模股票价格对不同市场信息（好消息和坏消息）的反应速度不存在差别①。而一些学者认为在不同市场条件下不同规模股票价格对不同市场信息（好消息或坏消息）的反应速度会存在差别（即合并好坏信息的速度是不同的）。下面文献更深入探讨不同市场条件以及信息内容（市场范围信息还是公司特定信息）在这种规模相关领先滞后关系的作用②。

迈克奎、皮内加和托雷（1996）基于新数据特性用来解释大公司与小公司股票组合收益间的领先滞后关系。他们使用一种不对称反应方法来试图对非对称交叉序列相关结构进行更深入分析。通过分析小公司股票对好消息和坏消息反应的非对称性：指出小公司组合对坏消息的反应快于对好消息的反应。即当坏消息到达市场时，大公司股票和小公司股票的价格都对此作出迅速反应；而当好消息到达市场时，小公司股票的价格反应存在时滞，这可能由于投资者

① 这也是有效市场假说的隐含前提：不同类型股票对市场范围的好消息和坏消息的反应速度相同。

② 这也是有的学者把迈克奎等的研究归结为有效市场的修正主义者。

对一些小公司股票不了解而耽误了判断时间（大部分投资者关注的股票数量是有限的）①。

阿尔塔伊（Erdinc Altay，2003）通过构建投资组合用日收益深入研究德国和土耳其股票市场的规模相关领先滞后关系。他们发现在德国股票市场两个子阶段存在大公司股票组合收益领先于小公司股票组合收益。土耳其市场仅在第一个子阶段存在这种领先滞后关系。通过分析市场范围信息和组合特定信息对组合领先滞后关系的影响表明领先滞后关系与大公司股票组合收益中市场范围信息有关。即大公司股票价格对市场范围信息的反应速度快于小公司股票而引起它们之间收益的领先滞后关系。同时他也检查小公司股票价格对好消息和坏消息的反应，结果发现小公司股票对坏消息存在滞后反应，这一结果与迈克奎、皮内加和托雷（1996）以及马歇尔和沃克（2002）的结论不同。

在随后的研究中学者们发现，不但存在于规模相关的领先滞后关系，而且分析师覆盖（不同股票得到的分析强度不同）以及机构持股也与领先滞后关系有关。

布莱南、杰加迪什和斯瓦米纳森（1994）研究跟随一只股票的分析师数量提高了该股票价格对市场范围信息的调整速度，并且许多分析师跟随的股票组合收益明显领先于较少分析师跟随的股票组合收益，这种情况即使在控制公司规模的前提下仍然存在。且这种关系是非线性的，分析师数量对股票价格调整速度的边际效果随着分析师数量的增加而增加，但投资分析师数量对组合序列相关的影响却不太显著。

巴德里纳、凯尔和诺伊（Badrinah，Kale & Noe，1995）提供的另一种解释是交叉序列领先滞后关系与机构持有公司股权有关。机

① 实际上他们是从实证的角度验证了陈（1993）提出的信息不完全理论。

构所有权导致机构投资者集中其持有的特定股票群，然后通过一定渠道为这些股票生产过多的信息来引起广大投资者关注，其结果是这些信息偏好的股票价格变化对那些信息不偏好的股票定价提供了附加信号①。

现有的各种研究发现，交易量与股票收益之间是相互影响的。康拉德、哈密德和尼顿（Conrad，Hamed & Niden，1994），格瓦伊斯、卡尼尔和蒙哥雷林（Gervais，Kaniel & Mongelgrin，2001），李和斯瓦尼纳森（Lee & Swarninathan，2000），以及斯塔曼、托雷和沃基克（Statman，Thorley & Vorkink，2003）研究了过去交易量是如何影响股票价格：股票价格中存在着高交易量收益补偿，即以交易量度量的极端交易活动包含未来的价格运动信息。加兰特、罗希和塔陈（Gallant，Rossi & Tauchen，1992）以及理查德森、赛弗西克和汤普森（Richardson，Sefcik & Thompson，1986）等指出当前交易量与股票收益的关系：以滞后交易量为条件存在正的风险收益关系。加兰特、罗希和塔陈（1992），格里芬、纳达里和斯图尔兹（Griffin，Nardari & Stulz，2005）以及胡达尔特，朗和耶特曼（Huddart，Lang & Yetman，2006）研究股票收益影响将来的交易量，发现条件波动性与交易量正相关；大的价格运动伴随着较高的交易量、以滞后交易量为条件会减弱杠杆效应。阿米胡德和门德尔松（Amihud & Mendelson，1986）以及布莱南和苏布拉曼亚姆（Brennan & Subrahmanyam，1996）期望股票收益跟流动性负相关，达塔尔等（Datar et al.，1998）以及布莱南等（Brennan et al.，1998）报告了即使在控制其他风险因子（如规模）之后，期望收益

① 机构持有股票的信息对机构非偏好的股票的价格预期起了一定作用，尤其当这两类股票处于同一行业内部时更是如此。

与流动性之间仍存在显著关系①。

特别地，哈密德（1997）发现交易量可以当作共同因子，当交易量很高的时候，当期大公司股票收益与滞后小公司股票收益存在显著关系，说明交易量可能与这种领先滞后关系存在一些必然联系，但是还不能表明交易量相关的领先滞后关系具体表现形式以及是否和规模效应是相互独立的，因此就有如下的实证研究。

奇奥迪亚和斯瓦米纳森（2000）以美国股票市场为研究对象，以 CRSP NYSE/AMEX 股票数据库为基础，把 1963 ~ 1996 年选择的股票构成四个规模投资组合，对这种规模组合进行逐年调整，发现交易量是观察到股票间领先滞后模式的显著决定因素，在控制规模的条件下，高交易量组合的日和周收益领先于低交易量组合的收益，通过分析发现异步交易和低交易量组合自相关不能解释这一发现。这一现象是由于低交易量组合收益对关于市场收益的信息反应过慢，而且单个证券的调整速度确认了这一观点。从他的结论表明：证券对信息的不同调整速度是短期水平上证券之间的交叉序列相关模式的显著原因。

德赛和塔瓦科尔（2001）以美国股票市场和纳斯达克上市公司为样本分别研究规模效应和交易量效应，发现二者是独立的，且规模效应强于交易量效应，股票价格的同期运动和自身相关并不能解释这种领先滞后效应。

奇奥迪亚和斯瓦米纳森（2004）对上面提到领先滞后非对称性提供一个经济理论模型。对于有有限数量股票信息投资者和套利成本存在的前提下，具有较多信息交易的股票价格对普通信息的调整较快，这导致领先滞后关系。信息投资者数量取决于成为信息交易

① 更详细的关于交易量和波动性的综述见卡波夫（Karpoff，1987）和加兰特、罗斯和塔陈（Gallant，Rossi & Tauchen，1992）的文献。

者成本以及流动性交易者数量。

阿尔乔（Arjoon，2016）利用股票市场日数据进行研究，结果发现机构持有量多的股票对机构持有量少的股票具有领先作用。卡米勒里、斯科鲁纳和白（Silvio John Camilleri，Nicolanne Scicluna & Ye Bai，2019）通过 VAR 回归模型研究发现，通货膨胀、工业生产、利率和货币供应对不同国家股价领先滞后效应都有影响。吉赛佩、弗维奥和斯蒂法诺（Buccheri Giuseppe，Corsi Fulvio & Peluso Stefano，2021）引用多资产滞后模型来研究领先滞后效应在行业中的效用。侯（Hou，2007）从行业层面进行研究发现，在行业内部大规模公司领先于小规模公司。

特斯托尔和尤斯曼（Tessitore & Usmen，2005）指出市场中金融行业以及通信行业能带动大盘走势，对其有很强的解释能力。洪等（Hong et al.，2007）证实了和宏观层面相关行业对于大盘的预测能力显著，预测能力十分显著的是石油和金属板块，这两个板块可以提前两个月对大盘走势进行预测。布拉蒂斯等（Bratis et al.，2015）对 17 个行业的收益率以及宏观经济指标进行研究，发现石油和金属业对整个大盘具有显著的预测以及解释能力，并且对除此之外的其他行业也具有预测能力。科恩和费兹尼（Cohen & Feazzini，2008）通过分析上市公司的财务报表和整理公司间上下游关系，发现对一些公司和行业及其上下游有关的信息，该公司并未做出及时调整，但在有经济联系的行业中，基于行业间投资组合收益率间的领先滞后效应显著存在。门泽利和奥兹巴斯（Menzly & Ozbas，2010）从分析师角度出发，发现该行业和行业上下游之间有价值的信息会在传递时存在障碍，因为分析师通常仅关注该公司或者行业相关的价值信息，很少能捕捉到公司上下游行业中和该公司产业有关的信息，这也间接导致了领先滞后关系。

3.2 国内研究的文献综述

国内研究不同股票组合收益间的领先滞后关系的文献，大致可以分为如下几类。

3.2.1 不分行业的领先滞后关系

宋逢明和唐俊（2002）从中国股票市场的特点出发，根据股票信息结构不同将股票分为龙头股和跟随股两类。构造两种类型股票不同的信息来源与传导模型。同时利用中国股票市场的历史数据验证以下三个主要结论：①中国股票市场存在着龙头股和跟随股之间的交叉自相关性；②个股之间的交叉自相关性使得个股收益率与市场收益率的相关系数增大，且跟随股的相关系数大于龙头股；③由于跟随股的投资者错误地根据龙头股信息定价。因此跟随股有较为明显的过度反应现象。

王承炜和吴冲锋（2002）研究沪、深市 A、B 股之间的领先滞后效应，该研究采用罗和麦金利（1990）提出的相关性检验方法。横截面自相关分析表明：在考虑周末效应和 GARCH 现象后，A 股、B 股之间不存在领先滞后现象，A 股、B 股之间是即时正相关的。这说明虽然 B 股交易量明显小于 A 股，但 A 股、B 股在反映市场信息方面是同步的，任何企图从这种领先滞后效应中套利的想法都是不可能的。

唐彧、曾勇和唐小我（2004）从上海股票市场选取 30 只股票研究周转率和收益间的关系发现收益与周转率负相关，且这种负相关关系是不对称的。当上月市场为涨势时，收益与周转率之间的负相关程度更深；而当上月市场为跌势时，二者的负相关程度较浅。

这一现象可以用周转率高低不同股票之间价格变动"领先滞后"效应来解释。高周转率股票的价格变动将领先于低周转率股票的价格变动，后者对市场普遍因素的反应有滞后性。由于对市场坏消息的反应比对好消息的反应快。低周转率股票价格变动的滞后性在市场涨势时表现得更明显，而在市场跌势时表现得相对较弱。从而使基于周转率的"领先—滞后"效应也表现出不对称性。

刘煌辉和熊鹏（2004）以 1995 ~ 2002 年我国股票市场周收益数据，通过分别构建控制交易量的规模投资组合和控制规模的交易投资组合，结合市场条件研究领先滞后效应。结果表明，控制交易量后，基于规模领先—滞后关系整体表现不明显。当市场上升时，小市值股票领先大市值股票；当市场下跌时，大市值股票领先小市值股票。控制规模后，基于交易量的领先—滞后关系十分显著，高交易量股票收益对低交易量股票收益有较强的预测力。但这种关系主要表现在市场上升状态，市场下跌时领先—滞后关系不明显。中国市场股票信息来源、投资者结构及其信息扩散模式与成熟市场的差异决定我国市场股票间领先滞后关系特征。

王庆石和朱天星（2006）以上海股市 A 股股票为研究样本，通过构建大公司股票与小公司股票投资组合探究不同市场条件下规模相关的领先滞后关系。实证研究表明：在牛市阶段，大公司股票组合收益领先于小公司股票组合收益；在熊市阶段，小公司股票组合收益领先于大公司股票组合收益。但是二者价格之间不存在长期的协整关系。

赵伟和曾勇（2008）采用反转交易策略方法，构建沪市 A 股滞后 1 ~ 8 周的互自相关矩阵，发现沪市 A 股存在与美国股市不同的交叉序列关系和领先滞后结构。通过对反转交易策略盈利进行分解分析，进一步证实以上结论，发现在沪市 A 股股票之间的交叉序列相关关系对反转收益的作用是随时间发生变化的。该文的实证结果还暗示，股市是否存在过度反应与考察期跨度的选择有很大关系。

郑佳梅（2016）通过构建价格延迟度指标，验证领先滞后关系的过程中发现，即使控制了规模和交易量变量后，投资组合间对公共信息的捕捉和反应速度仍存在差异。

3.2.2 行业内的领先滞后关系

于佳（2011）分别研究行业内与行业间的领先滞后效应，研究发现不论是在行业内还是行业间，规模因素和“需求—供给”因素对二者均有领先滞后效应。蔡娟（2012）通过单位根和 Granger 因果检验，通过向量自回归模型验证行业间和行业内的领先滞后关系，研究发现在同一行业规模效应较为明显。罗刚（2016）通过运用 VAR 和 VECM 模型对汽车板块行业间和行业内的领先滞后关系进行实证分析，研究发现在汽车制造业行业内存在价格协整关系，但在行业间除了滞后 1 期存在行业间领先滞后效应外，其他条件下的领先滞后效应并不明显。

3.2.3 期货与现货间的领先滞后关系

任远（2010）通过运用格兰杰因果关系检验发现，沪深 300 股指期货短时间内领先沪深 300 指数的结论。何枫等（2017）通过研究发现，期货与现货间的关系与市场状态紧密相关，在不同的市场状态下，二者之间既可能是单向因果关系也能是双向的格兰杰原因。吴雨菡（2020）通过格兰杰因果检验等方法发现，白银期货市场强于现货市场。

3.2.4　行为金融学与领先滞后关系

衣栋春（2015）从个体和机构投资者之间的情绪角度出发，发现个体投资者情绪对于市场收益率影响不显著，而机构投资者的情绪变动对市场收益率有显著影响。王超（2018）通过将窗口期内预期变动比例和盈利预测调整作为变量，主要探讨投资者关注度对分析师预测行为的影响，通过研究发现，市场低估了未来利润增长的股票。荆博诚（2020）在进行分析影响机制的基础上，通过实证模型进行量化分析，直观地表现了作为证券市场重要组成部分中分析师关注度对股票收益的正向促进效用，为提高投资者投资决策有效性、提升市场运作效率和加快证券市场进一步的发展提供一定的经验依据。

第 4 章　规模与领先滞后关系

前面已经探讨了由于不同规模公司受到关注程度不同以及交易成本等方面因素使得各公司对信息调整速度存在差别，并进一步引起收益间的领先滞后关系。本章在经典实证检验的基础上，研究我国股市的规模相关领先滞后关系模式。

4.1　国外经典实证检验简介

4.1.1　芬兰股市的实证检验

尽管芬兰股市与中国股市一样是新兴市场，但是其国内学者进行实证研究表明芬兰股市是弱势有效的[①]。马蒂卡内、佩图内和布托内（1995）对芬兰股市的大公司股票组合与小公司股票组合的领先滞后效应进行研究。他们以赫尔辛基股票交易所 1975 年 1 月 ~ 1986 年 12 月 11 年间的 28 只股票日收益为基础，构建从小到大六

① 马蒂卡内等（Martikainen et al.，1991）发现用过去收益序列构建的模型可以预测将来的收益，他们也坚持弱势有效与收益的短期可预测性之间并不矛盾。

个投资组合，投资组合 1 表示最小公司股票投资组合，投资组合 6 表示最大公司股票投资组合。这些组合的基本统计特性表明投资组合 1 的平均收益超过投资组合 6 的两倍还要多，投资组合 1 也有最高的方差。小公司股票组合收益表现出负的自相关，大公司股票组合收益表现为正的自相关。最大公司股票投资组合一阶自相关值最大，为 0.438，这意味着当期收益的 19% 可以用前一天收益来预测①。

马蒂卡内通过协整检验和 Granger 因果检验来判断不同规模股票组合间的动态关系。通过 ADF 检验发现价格序列是非稳定的，且是单位根的，说明价格序列是 $I(1)$ 的，收益序列是 $I(0)$ 的，其检验方程为：

$$\Delta\varepsilon_t = \theta\varepsilon_{t-1} + \sum_{i=1}^{2}\pi_i\Delta\varepsilon_{t-i} + v_t \qquad (4-1)$$

其中 ε_t 是协整方程的误差项，v_t 是稳定的随机误差项。

方程（4－1）回归结果见表 4－1：

表 4－1　协整分析回归结果　ADF t－统计量　H0：序列是非协整的

因变量	自变量					
	$P1_t$	$P2_t$	$P3_t$	$P4_t$	$P5_t$	$P6_t$
$P1_t$	—	－2.222	－2.984	－3.459	－4.129***	－3.876***
$P2_t$	－2.006	—	－0.683	－0.775	－1.25	－0.664
$P3_t$	－3.443	－1.564	—	－2.581	－2.152	－2.636
$P4_t$	－3.89***	－1.768	－2.7	—	－3.975***	－2.693
$P5_t$	－4.888**	－1.978	－2.516	－3.869***	—	－2.835
$P6_t$	－4.366**	－1.809	－2.849	－2.787	－3.033	—

注：$P1_t$、$P2_t$、$P3_t$、$P4_t$、$P5_t$、$P6_t$ 分别代表六个按照大小排列投资组合的股票的市场价格序列。$P1_t$ 为最小规模投资组合的价格序列，$P6_t$ 为最大规模投资组合的价格序列。***、**、* 分别代表在 1%、5%、10% 的水平下是显著的，以下同。本表见参考文献［197］第 451 页。

① 该结论类似于科恩等（1980）的研究。

由表 4-1 中可以看出：投资组合 1 与投资组合 4、5、6 的价格序列存在协整关系，投资组合 4、5 的价格序列存在双向协整关系，说明价格对信息冲击的反应对所有公司来说不是同步的。此外，还用向量误差修正模型（VEC）来检验投资组合 1 与投资组合 6 收益之间的短期和长期联系。其方程如下：

$$R1_t = \beta_1 \varepsilon_{t-1} + \sum_{i=1}^{p} \alpha_t R6_{t-i} + \sum_{j=1}^{q} \pi_j R1_{t-j} + u_{1t} \qquad (4-2)$$

$$R6_t = \beta_2 \varepsilon_{t-1} + \sum_{i=1}^{p} \mu_t R1_{t-i} + \sum_{j=1}^{q} \theta_j R6_{t-j} + u_{2t} \qquad (4-3)$$

式（4-2）和式（4-3）回归结果如表 4-2：

表 4-2　　小公司与大公司收益的 VEC 模型估计结果

因变量	自变量						
	常数	ε_{t-1}	$R1_{t-1}$	$R1_{t-2}$	$R6_{t-1}$	$R6_{t-2}$	R^2
$R1_t$	0.001** (6.04)	0.003 (1.727)	-0.223* (-12.23)	-0.027 (-1.466)	0.169** (4.323)	0.101** (2.585)	0.059
$R6_t$	0.000 (1.923)	-0.002*** (-2.515)	0.019*** (2.088)	0.015 (1.686)	0.425* (22.718)	0.02 (1.063)	0.197

信息从小公司流向大公司		信息从大公司流向小公司	
原假设	F-统计量	原假设	F-统计量
没有短期冲击	2.932	没有短期冲击	21.354*
没有长期冲击	6.352***	没有长期冲击	2.983
没有短期或长期冲击	3.159***	没有短期或长期冲击	22.845*

注：$R1$，$R6$ 分别代小公司股票组合与大公司股票组合的收益，第二行和第四行括号内为 t-值。该表见参考文献［197］第 453 页。

由表 4-2 中可以看出大公司股票组合收益对小公司股票组合收益没有短期冲击的原假设被拒绝，F 值达到 21.354，小公司股票组合收益对大公司股票组合收益没有冲击的假设被接受。如果这些公司收益间的长期调整没有得到充分注意，那么大公司与小公司收益之间的协动关系就会被显著低估，这一结果与康诺利和康拉德对美国股市得到的结果不同。最后他们发现，芬兰大公司股票与小公司股票相比有及时和高质量的信息，小公司股票的交易清淡是很普遍的。除了提到的引起规模效应之外，其他因素如行业差别、所有权结构也可以导致价格间的协整关系。

4.1.2　澳大利亚股市的实证检验

霍奇森和麦西哈（1999）研究澳大利亚股市大公司与小公司股票组合的价格运动，发现它们被滞后因果关系联系着。霍奇森等分析表明，因果关系随着市场交易条件而变化。特别地，小公司股票组合在牛市阶段起价格领先作用，在熊市阶段不存在这种领先作用，大公司股票组合价格在这两个阶段起同等重要作用。表 4－3 给出其构造的三个投资组合价格序列的单位根检验：

表 4－3　　单位根假设的检验

阶段	Simes Bayesian	菲利普斯－佩容统计量						
	α	$Z(\alpha)$	$Z(t_\alpha)$	$Z(\phi_1)$	$Z(\alpha^*)$	$Z(t_{\alpha^*})$	$Z(\phi_2)$	$Z(\phi_3)$
熊市阶段								
大公司股票	0.98	－0.84	－2.09	2.55	－17.09	－3.34	5.89	7.27
中等公司股票	0.98	－0.56	－0.34	1.88	－16.7	－2.99	4.55	5.2

续表

阶段	Simes Bayesian	菲利普斯-佩容统计量						
	α	$Z(\alpha)$	$Z(t_\alpha)$	$Z(\phi_1)$	$Z(\alpha^*)$	$Z(t_{\alpha*})$	$Z(\phi_2)$	$Z(\phi_3)$
熊市阶段								
小公司股票	0.95	-12.18	-2.97	4.99	-49.28	-1.25	9.76	2.21
牛市阶段								
大公司股票	0.83	-2.32	-1.33	3.39	-29.26	-6.26	14.17	19.6
中等公司股票	0.88	-4.02	-2.24	4.88	-30.39	-4.33	7.82	9.88
小公司股票	0.81	-9.91	-2.31	2.69	-24.76	-3.63	4.91	7.33

注释：Philips-Perron 检验所用的截断滞后长度 l 的选择是应用窗口选择，$w(s, l) = 1-[s/(l+1)]$，这里的阶数是以从一阶差分序列自相关或偏自相关函数的最高阶显著滞后项而得到。该表见参考文献［41］第 8 页。

由表 4-3 中可以看出无论牛市阶段还是熊市阶段，三个价格序列：大公司股票组合、中等公司股票组合、小公司股票组合均为单位根的，但是一阶差分之后均是稳定的，说明它们都是 I（1）。

因为是多个变量协整关系检验，故用 JJ 过程（Johansen & Juselius，1990），在检验多变量协整关系时，该方法比建立在总体残差基础上的 Granger 两步法更有效，检验结果表明：一方面大公司组合、中等公司组合、小公司组合的价格序列存在一个长期均衡关系；另一方面表示三个变量之间在熊市阶段和牛市阶段存在两个共同趋势。

表 4－4　用 VECM 对 *LRG*、*MED*、*SML* 之间的多元短期因果关系的检验结果

因变量	ΔLRG	ΔMED	ΔSML	$ECT1\ [\xi_{i,t-1}]$
	F－统计量			t－统计量
熊市阶段				
ΔLRG	—	2.425***	1.181	1.065
ΔMED	2.808***	—	1.125	－1.354
ΔSML	2.174***	2.249***	—	1.068
牛市阶段				
ΔLRG	—	4.663***	2.013***	2.001***
ΔMED	4.92***	—	1.787***	3.236***
ΔSML	2.401***	1.64***	—	－0.101

注：每一个模型的 $ECT_s[\xi_{i,t-1}]$ 由 *LRG* 的正规化协整向量而导出的，最后一列的数值是估计的 t 值，该 t 值用来检验原假设：每一个滞后的 *ECT* 是不显著的。其他的值为渐进 Granger F－统计量，构建 ECT_s 过程的残差也分别通过了单位根检验和自相关函数的检查。VECM 的估计是通过对于每一个滞后差分项和常数的最优决定滞后结构标准（Akaike's FPE）而得到的。ΔLRG 代表大公司组合收益序列，ΔMED 代表中等公司组合收益序列，ΔSML 代表小型公司组合收益序列。该表见参考文献［41］第 9 页。

由表 4－4 可以看出，在熊市阶段，大公司股票组合和中型股票组合收益对小公司股票组合收益存在显著短期领导关系，反过来小公司股票组合对它们却没有任何显著的冲击，误差修正项也不显著，说明不存在可辨别长期领先滞后关系。牛市阶段却相反，小公司股票组合价格在短期和长期水平却表现得异常活跃，小公司股票存在较强的短期信息领导角色，大公司股票组合与小公司股票组合的误差修正项系数是显著的，说明小公司股票在长期也存在信息领导角色，这与差别信息假说是一致的。

通过方差分解发现，熊市阶段，大公司股票组合的价格变化是相对外生的；牛市阶段，小公司股票组合的价格变化是相对外生的，小公司股票组合的价格变化 77% 来自自己的冲击。大公司股票

组合、中型股票组合、小公司股票组合对方差贡献的差距显著变小，说明小公司股票组合在该阶段对信息起领导作用，这一结果更加肯定了前面的 VECM 分析。

最后作者得出结论，股票市场参与者面临的信息环境是流动的，且与价格上升还是下降阶段有关。小公司股票和中型公司股票在牛市阶段增加的外生性可能与信息收集的收益大大超过信息收集的成本有关，小公司股票存在“杠杆效应”。霍奇森和麦西哈（1999）结论不完全支持信息从大公司股票流向小公司股票，可能在于其研究数据频率与芬兰的研究不同：他们用的是澳大利亚股市 15 分钟高频数据，所研究的股票指数取自 20 只领先股票、50 只领先股票和 AOI 指数，从这些指数中构建三个投资组合。

4.1.3 科威特股市的实证检验

纳比尔和洛哈尼（2000）用单位根检验、协整分析、格兰杰因果检验等对科威特股市进行类似的研究并发现大公司股票在牛市阶段领导小公司股票的价格运动仅存在于短期水平。

纳比尔和洛哈尼从 Global investment house 选取了大市值公司和小市值公司两个指数，二者分别是从科威特股市选取的 10 个大公司与 10 个小公司按照市场价值加权而得到，样本区间选自 1993 年 1 月 3 日到2000 年 4 月 5 日，其中 1993 年 1 月 3 日 ~1997 年 11 月 22 日为牛市阶段，1997 年 11 月 23 日 ~2000 年 4 月 5 日为熊市阶段。并把对数指数的一阶差分作为日收益。表 4 -5 给出了大公司股票与小公司股票收益的相关关系：

表 4－5　　大公司股票与小公司股票收益的相关性检验

	完全阶段	牛市阶段	熊市阶段
L，S	0.312	0.156	0.5
L_{t-1}，S	0.086	0.099	0.062
L，S_{t-1}	0.070	0.069	0.063

注：L 代表大公司股票，S 代表小公司股票。该表见参考文献［166］第 6 页。

由表 4－5 中可以看出：大公司股票组合与小公司股票组合收益同期相关为正，熊市阶段的相关系数大于牛市阶段，同期相关大于非同期相关（即滞后的大公司股票组合与当期小公司股票组合，滞后的小公司股票组合与当期大公司股票组合）。

单位根检验结果表明：大公司股票组合与小公司股票组合的指数均为一阶整（I（1）），二者的收益序列均为稳定。协整检验发现大公司股票价格与小公司股票价格不存在协整关系，这一点与澳大利亚股市不同。

表 4－6　　大公司股票与小公司股票收益之间的 Granger 因果检验

K	完全阶段		牛市阶段		熊市阶段	
	L→S	S→L	L→S	S→L	L→S	S→L
1	0.84	2.34	4.81 **	2.76	0.01	1.93
2	1.56	2.62	3.63 **	2.30	0.54	1.5
3	1.18	2.34	3.55 **	1.85	0.36	1.08
4	0.96	1.58	3.16 **	1.18	0.73	0.83
5	0.83	1.58	2.76 **	1.21	0.75	1.24
6	0.69	1.43	2.33 **	1.12	0.82	1.22

注：L→S 表示大公司股票收益是小公司股票收益的 Granger 原因，S→L 表示小公司股票收益是大公司股票收益的 Granger 原因。该表见参考文献［166］第 6 页。

表4－6给出大公司与小公司收益间的短期因果关系。在完全阶段和熊市阶段，大公司股票组合收益与小公司股票组合收益间不存在领先滞后关系；在牛市阶段，大公司股票组合收益对小公司股票组合收益有领先关系，即上升的大公司股票价格对未来小公司股票价格的变化有预示作用。

其结论表明：在牛市阶段，短期水平上信息从大公司股票流向小公司股票，该结论部分地与差别信息假说一致，但与竞争性假说不一致。其认为行业差别、所有权结构、信息质量以及机构投资者角色是导致这一差异的原因。大公司都是很成熟、风险性较低的行业，且都被商业性家族财团所控制，其信息比小公司准确及时可靠等。

4.1.4 德国和土耳其股市的实证检验

阿尔塔伊（Erdinc Altay，2003）用投资组合日收益研究德国和土耳其股票市场的交叉序列相关结构。他把研究时间阶段1993～2002拆分成两个阶段：1993～1997年，1998～2002年，对股票收益率计算采取简单收益率，对股票价格做分红和除权处理。其研究的独特之处在于考虑公司规模的同时，考虑公司雇佣的员工人数：在每一个股票市场，对雇佣员工人数小于250人的公司中按照市场价值进行排序，市场价值最低的15个公司包含在等权重的最小公司组合中；对于大公司投资组合也进行类似做法，对于雇佣员工人数超过500人的公司中按照市场价值进行排序，排在最前面的15个大公司组成等权重的大公司投资组合。

他们分为三个步骤来深入探究股票组合收益间的领先滞后模式：第一，对于大公司股票组合与小公司股票组合间的交叉序列相关模型进行一般估计。第二，分析大（小）公司组合对市场范围和组合具体信息对小（大）公司组合反映效果，进一步分析领先滞后关系的根源。第三，分析交叉序列相关的非对称结构来探明来自大（小）公司组合滞后收益的好消息和坏消息对小（大）公司组合收益的效果。

阿尔塔伊用迭代似不相关回归（ISTUR）方法（Li et al.，2002）分析大公司组合与小公司组合收益间的领先滞后关系。结果发现在控制自相关的情况下，一阶滞后大公司股票收益对当期小公司股票收益的影响要大于一阶滞后小公司股票收益对当期大公司股票收益的影响。根据信息转换假说理论：包含在大公司组合中的市场范围信息可以当作小公司股票价格进一步调整的信号。但是包含在大公司股票价格中的信息可以分为市场范围信息和公司特定信息。他们通过把小（大）公司组合收益分解为系统的和公司具体部分，得到一些有价值的信息，有助于理解一天滞后大公司组合收益对小公司组合收益显著影响的原因（即是由市场范围信息引起的还是公司特定信息引起的）。

从其对市场模型回归结果看，市场的贝塔系数是高度显著的①，所有的大公司组合模型的高度解释力都达到了 80% 以上，土耳其市场的小公司组合的模型解释力也很高（达到了 70%）（说明二者组合收益与市场收益间有较高同期相关性）。这样可以从估计参数和误差项的抽取生成两个市场大公司组合和小公司组合的组合特定收益和系统收益。这样 $e_{S,t}$，$e_{L,t}$分别代表小公司、大公司组合特定的收益，而 $R_{S,t}-e_{S,t}$，$R_{L,t}-e_{L,t}$分别表示小公司组合和大公司组合的系统收益，可以把二者当作交叉序列相关结构中的市场范围信息。其估计和回归结果见表 4－7：

① 其市场回归模型分别为：$R_{st}=\alpha_s+\beta_{sm}R_{mt}+\varepsilon_{st}$，$R_{lt}=\alpha_l+\beta_{lm}R_{mt}+\varepsilon_{lt}$。

表 4－7　市场范围和公司特定的信息对领先滞后关系的效果

	$R_{S,t}=a_S+b_{SS}R_{S,t-1}+b_{SL}^{e}e_{L,t-1}+b_{SL}^{ML}R_{ML,t-1}+\varepsilon_{S,t}$				$R_{L,t}=a_L+b_{LL}R_{L,t-1}+b_{LS}^{e}e_{S,t-1}++b_{LS}^{MS}R_{MS,t-1}+\varepsilon_{L,t}$			
	a_S	b_{SS}	b_{SL}^{e}	b_{SL}^{ML}	a_L	b_{LL}	b_{LS}^{e}	b_{LS}^{MS}
	面板 A：德国市场：1993. 1 ~ 1997. 12							
系数	0. 000	0. 107***	－0. 092	0. 068***	0. 001***	0. 022	－0. 081*	－0. 288
t－值	(1. 874)	(3. 703)	(－1. 187)	(3. 592)	(2. 959)	(0. 185)	(－1. 778)	(－0. 362)
R^2	0. 028				0. 003			
	面板 B：德国市场：1998. 1 ~ 2002. 11							
系数	－0. 000	0. 069**	0. 069*	0. 072***	0. 000	－0. 044	0. 067	0. 981**
t－值	(－0. 395)	(2. 369)	(1. 943)	(4. 019)	(0. 909)	(－0. 681)	(1. 277)	(2. 052)
R^2	0. 026				0. 010			
	面板 C：土耳其市场：1993. 1 ~ 1997. 12							
系数	0. 003***	0. 033	0. 162	0. 148**	0. 004***	0. 191*	－0. 052	0. 006
t－值	(3. 394)	(0. 611)	(1. 410)	(2. 399)	(4. 628)	(1. 837)	(－1. 063)	(0. 057)
R^2	0. 027				0. 040			
	面板 D：土耳其市场：1998. 1 ~ 2002. 11							
系数	0. 001	0. 160***	0. 026	－0. 081	0. 002	0. 021	0. 009	－0. 020
t－值	(1. 480)	(2. 947)	(0. 227)	(－1. 580)	(1. 630)	(0. 165)	(0. 150)	(0. 129)
R^2	0. 011				0. 000			

注：该表见参考文献［43］第 9 页。

从表4－7中面板A可以看出，大公司股票组合的一天滞后市场范围信息（b_{SL}^{ML}）对小公司股票组合收益有显著效果，达到0.068，在面板B和面板C中也有类似情况：即自大公司股票组合的一天滞后市场范围信息（b_{SL}^{ML}）对小公司组合收益有显著效果（只有面板D的检验结果不显著）。而大公司股票组合的特定信息（b_{SL}^{e}）对小公司股票组合收益效果不显著。尽管小公司股票组合的特定信息（b_{LS}^{e}）对大公司股票组合收益有负的、微弱效果，为－0.081。但是反映在小公司股票组合中的一天滞后市场范围信息对大公司组合收益没有显著效果。该结果明显支持信息转移假说：反映在前一天大公司股票组合中的市场范围信号跟小公司股票组合的收益呈正相关，说明小公司股票投资者交易策略受到大公司股票价格变化的影响。利用二元变量回归分析大公司组合收益和小公司组合收益对好消息和坏消息的不同反应，麦昆·皮尼格等（Mcqueen Pinegar et al.，1996）对美国股票市场的研究发现规模排序的公司组合对不同信息（市场范围的好消息和坏消息）反应速度不同。

表4－8中的面板A和面板B表明b_{SL}^{dw}系数对所有的子阶段为正，在1%水平下是统计显著。小公司股票组合对一天滞后好信息的反应b_{SL}^{up}不显著。在1993年1月～1997年12月这一子阶段，大公司股票组合收益与体现在一天滞后小公司股票组合收益中的坏消息负相关，这种负的显著系数体现了反转效应。当小公司股票组合收益增加时，大公司股票组合投资者转而投资于预期收益会增加的小公司股票。因此，小公司股票组合的高度显著自相关也是合理的。

表 4-8　德国、土耳其市场的非对称的交叉序列相关结构

	$R_{S,t}=a_S+b_{SS}R_{S,t-1}+b_{SL}^{up}R_{L,t-1}^{up}+b_{SL}^{dw}R_{L,t-1}^{dw}+\varepsilon_{S,t}$				$R_{L,t}=a_L+b_{LL}R_{L,t-1}+b_{LS}^{up}R_{S,t-1}^{up}+b_{LS}^{dw}R_{S,t-1}^{dw}+\varepsilon_{L,t}$			
	a_S	b_{SS}	b_{SL}^{up}	b_{SL}^{dw}	a_L	b_{LL}	b_{LS}^{up}	b_{LS}^{dw}
	面板 A：德国市场：1993.1～1997.12							
系数	0.001***	0.110***	0.008	0.106***	0.001	-0.022	0.004	-0.221**
t-值	(2.695)	(3.811)	(0.252)	(3.436)	(1.389)	(-0.069)	(0.063)	(-2.466)
R^2	0.027				0.005			
	面板 B：德国市场：1998.1～2002.11							
系数	0.000	0.067**	0.041	0.099***	0.001	0.064**	0.027	0.112
t-值	(0.667)	(2.293)	(1.443)	(3.672)	(0.881)	(2.168)	(0.298)	(1.211)
R^2	0.028				0.007			
	面板 C：土耳其市场：1993.1～1997.12							
系数	0.005***	0.023	0.089	0.225***	0.003***	0.237***	-0.030	-0.058
t-值	(3.999)	(0.466)	(1.451)	(3.536)	(3.224)	(4.831)	(-0.578)	(-1.076)
R^2	0.030				0.039			
	面板 D：土耳其市场：1998.1～2002.11							
系数	0.002**	0.148***	-0.101*	-0.025	0.002	-0.001	0.005	0.010
t-值	(1.995)	(2.693)	(-1.845)	(-0.418)	(1.383)	(-0.016)	(0.078)	(0.161)
R^2	0.007				0.000			

注：该表见参考文献［43］第 23 页。

在德国市场的两个阶段存在大公司股票组合收益领先于小公司股票组合收益，而在土耳其市场仅在第一个子阶段存在着这种领先滞后关系。通过分析市场范围和公司具体信息对组合收益的效果表明，这种领先滞后关系跟市场范围信息内容已经存在于滞后大公司股票组合收益中有关。另外，其研究小公司股票组合收益对滞后大公司股票组合收益反映的非对称性，发现坏消息对小公司股票组合收益存在滞后效应。这一结论与麦克奎、皮内加和托雷（1996）以及马歇尔和沃克（2002）对美国和智利股票市场的研究结论相反。同时，其发现小公司股票组合价格对市场范围信息的反应落后于大公司股票组合，小公司股票组合对坏消息的反应较慢。

4.2　中国股市的实证研究

4.2.1　中国股市的基本现状和特征

自从 1990 年上海与深圳两个证券交易所建立以来，经过 30 多年的发展，中国证券市场无论在规模、制度和上市公司质量方面都取得巨大发展。截止到 2022 年 9 月 2 日，我国已有 4 814 家上市公司。通过证券市场筹集资金已达 114 570. 2 亿元（截止到 2017 年底），股票总市值约为 85 155 亿美元（截止到 2020 年 12 月 31 日），投资者开户达 1. 14 亿户（截止到 2021 年底）。证券市场发展对于我国改善融资结构，优化资源配置，促进经济发展发挥了十分重要的作用。但是与发达国家股市相比，我国股市发展的历史较短，市场规模比较小，股市上存在股票的过度需求，导致我国的股票价格奇高，严重脱离公司的基本价值；另外，我国股市还存在着股价振幅大，换手率高，股市行情暴涨暴跌的情况，缺乏卖空机制的单边市场，加上“庄家”“庄股”的存在，使股市上广泛存在着“追涨杀跌”。在牛市交易过于频繁，在熊市阶段则交易萎缩，使得股票价格和收益图形大多呈现为尖峰和厚尾形态。

4.2.1.1 个人投资者的层次结构

根据互联网以及证券期货相关数据统计分析，并且结合中国证券市场投资者问卷调查，整理我国的股民投资者的年龄和性别结构，见表4-9。

表4-9　　中国的股民结构调查表

项目	定义	比例（%）	项目	定义	比例（%）
性别	男	75.6	文化程度	研究生及以上	7.1
	女	24.4		大学	36.7
年龄	24岁下	15.7		专科	22
	25~34岁	28.4		高中及以下	34.2
	35~44岁	42.9	职业	企业白领	62.7
	45岁以上	13		服务业、自由职业及工人	18.6
股民收入分布（千元）	小于3	8.1		医生	5.2
	3~5	43		政府、事业单位及教师	5.1
	5~10	21.2		学生	4.5
	10以上	30.7			

资料来源：中国证券业协会：《中国证券市场投资者问卷调查》，2020年。

结果表明：从年龄结构来看，投资者中的25~34岁以及35~44岁以上的人数较多，占比分别达到28.4%和42.9%，排在细分群体的第一位和第二位。24 岁以下以及 45 岁以上的股民群体占比相当，占比分别为 15.7% 和 13%。可见 35～44 岁是投资者的主要群体。该群体具有一定的经济基础，在资本市场投资的愿望较强。

从文化水平来看，投资者的分布呈正态分布，即具有高中以下和大学教育程度的投资者加总比例为 70.9%，几乎涵盖了投资者的主要群体，而高教育水平的群体比例均较少，仅为 7%，可见总体上我国股民的文化素质较好。从投资者的职业分布来看，所占的比例在所有群体中最高的是企业白领，占比 62.7%，其次为服务业、工人以及自由职业者达到了 18.6%，排在第三位和第四位的分别是医生以及政府、事业单位和教师，占比分别为 5.2% 和 5.1%，最后的是学生，占比 4.5%。企业白领仍然是股民的重要群体，这一群体收入高、且稳定。学生群体成为新生代股民群体的一部分，学生一般没有收入来源，其炒股的资金来源主要是来自父母的赠与。

从收入构成来看，个人月收入在 3 000～5 000 元以及 10 000 元以上的高收入群体所占比例最高分别为 43% 和 30.7%。5 000～10 000 元的收入群体占 21.2% 左右，而且 3 000 元以下的占比 8.1%，可见中高收入者是投资者的主要群体，这一点主要是我国居民的收入水平稳步提高，居民有了闲钱投资。

4.2.1.2 个人投资者的投资行为

1. 入市时间分布，股市新兵不断涌现

2019 年 6 月，我国股市的股民规模为 0.93 亿户，随着居民收入的提高、累积财富增加以及股民的风险承受能力不断增强，每日的新增开户数不断刷新纪录。调查结果显示 2019 年 12 月入市的投资者达到 0.99 亿户，到 2020 年 7 月，我国的股民投资者数量更是达到 1.14 亿户的新高，股民的规模数量达到了世界首位。

2. 入市资金规模。

从入市的资金规模来看，一半以上投资者的资金量在30万元以下。其中10万元以下的占25.1%，10万~30万元的占25.3%，100万元以上的大户也不在少数，占13.8%。31.6%投资者的股市资金占包括银行存款、债券、基金、股票等家庭全部金融资产的1/3到2/3之间，占比相对较大，13.4%投资者将家庭全部金融资产投入股市。

3. 资金来源情况，借钱炒股不容忽视

调查显示，一半以上投资者的入市资金来自银行存款，选择比例为45.9%，入市资金的另一来源是日常节约，占34.4%。同时仍有少数投资者是向个人借款和银行贷款炒股，比例占总体的8.3%。借钱炒股现象在新股民中更为明显，2016~2017年入市的新股民中，借钱炒股的比例为10.81%，高出平均水平的2.5个百分点。

4. 投资期限特征，短线投资是主流

从投资者持股时间长短来看，选择7天到1个月和1~3个月的投资者居多，分别为22.3%和22.8%。选择6个月以上的投资者仅为16%，其中8.5%的投资者持股时间通常为6个月到1年，另外7.5%投资者的持股时间在1年以上，可见短线投资仍然是目前市场投资的主要行为特征，长期投资者较少。

5. 投资决策，股评家市场有限

在投资决策方面，总体上超过1/3的投资者主要靠自己的分析来选股，同时电视广播和报纸杂志信息也起到重要的决策指导作用。值得一提的是，股评家的言论对投资者来讲，是众多信息来源中最没有说服力的。依靠股评家的言论来选股的投资者的比例13.9%，可见近些年来股评咨询机构的名声在大多数股民中是早有共识的。

6. 投资者投资行为的转变

投资者的投资行为已由冲动型（投机性因数较多）向智能型转变，70.4%的股民在进行投资操作时的主要依据已注重上市公司的经营业绩，发展前景，只有7.3%的股民主要以寻找炒作题材作为选股的主要依据。

7. 投资者的地域分布

根据我国股民的地域分析看，一线和超一线城市的股民数量占比达到43.8%，二线城市的股民数量占比为19.6%，也就是说一线和二线城市的股民数量占全部股民数量的六成以上，三线以下城市的股民占比不到40%。最为明显的是广东省，成为第一股民大省，统计调查表明其占比达到28%。

4.2.1.3　中国股市的有效性问题

市场有效性是金融经济学研究的一个重要方向，近些年来，国内外的学者都对本国和其他国家股市的有效性进行各种检验。可以说是否有效是一国市场的主要特征。国内很多学者都对我国股市的有效性进行检验。刘志新（2000）运用马尔可夫链的方法选取1990年12月到1998年10月上证综指的1961个数据作为分析样本证明了上海股市弱式有效，许涤龙和王珂英（2001）选取上证日收盘价综合指数（1997/01/02～2001/05/30）作为样本，对上海股市的有效性与可预测性分别建立模型进行检验，得出了上海股市弱式有效且是一个可预测的弱式有效市场，说明股市价格变动有一定的趋势。戴晓风（2005）采用单位根方法对中国股市开市以来的数据进行有效性检验，并运用游程检验对之进行分年度检验，其结果除上海综合指数外，其他指数都通过了检验，呈现出弱式有效。徐红雨（2009）运用上证综合指数（2003年1月2日～2006年12月29日）日数据，对上海证券市场的弱式有效性进行三种统计检验，序列相关性检验、单位根检验和随机游程检验，单位根检验得出上海证券市场尚未达到弱式有效，然而序列相关性检验和随机游程检验的结果显示上海证券市场已经达到弱式有效，由于单位根检验的必要而非充分性，作者认为上海证券市场已基本上达到弱式有效。从上面列举的几个文献来看，大家比较一致的观点是中国股市是弱式有效的。从上面的统计数据看，我国股民多数进行短线投资，这种频繁换手会导致股票高换手率，股票换手率高会对我国股市的弱式有效有一定贡献①（这实际上增加了股票价格或收益中的随机性成分）。

4.2.1.4 中国上市公司的股权特征

中国股市与芬兰、科威特等国家一样都属于新兴市场。但二者略有不同，科威特股市中的大公司多为家族型控制，而我国股市的大公司为国家控制。我们的共同特点是大公司股票在规模上对股市存在一定程度的主宰和推动作用。中国的股权结构还有自己的特色。

（1）一般而言，我国股票种类繁多，流通性差。我国股票市场共有国家股、法人股、社会公众股、外资股、内部职工股和转配股六种之多。

（2）国有股比例总体占绝对优势，已上市公司的国有股比例呈现下降趋势。国有股在上市公司总股本中一直占绝对优势，不过在上市的公司中其比例已从1992年至今呈下降趋势，尤其在2005年启动的股权分置改革就是解决国有股一股独大、同股不同权的问

① 大家都知道我国股市是典型的政策市和投机市，有的时候你会发现有的股票的业绩并不好，但是还涨起来没完，这就是投机，每个人在赚钱动力的驱使下都幻想自己不能接最后一棒，投机性交易过多会不正常地增加股票的换手率。但是随着股民素质的提高，投资者的投资行为会逐渐趋于理性。

题，从目前来看股权分置在一定程度调动广大投资者的积极性①。

（3）上市公司大股东股权高度集中与公众股股权高度分散。

（4）国有大股东的所有者缺位，产生代理问题和损害中小股东利益两个互相交叉的问题。

（5）随着越来越多的民营企业上市，出现了私人股东和家族股东一股独大的新问题。抬高新股发行价格、高派现、高配股等种种“圈钱”手段层出不穷。

股权结构问题不但影响到公司治理，而且还影响到投资者信心。客观来讲，还影响到上市公司股票的定价问题，如三因素定价模型中的 B/M（账面价值与市场价值之比）。

4.2.2　数据来源及牛熊区间划分

我们的数据来源是万得、通达信网上行情系统。从上海和深圳股市 A 股中选择 2011 年 1 月 1 日前上市的股票，共 1 972 只股票，在这些股票中去掉金融类上市公司、在 2011 年 1 月 1 日 ~ 2021 年 12 月 31 日经过退市、受到特别处理股票，以及停牌时间超过 30 天的股票，剩下 648 只股票。对这些股票按照 2011 ~ 2021 年每年年初的流通市值进行排序。选择前 100 和后 100 的股票，按照公司的流通股数和后复权价格分别计算大公司股票组合价格指数和小公司股票组合价格指数（见图 4 - 1、图 4 - 2）。

交易价格取收盘价并都向后做了分红、复权处理，2011 年 1 月

① 国内学者对国有股的股权与公司绩效进行了研究，大部分学者支持国有股比例过高或在一定程度上影响公司绩效，而公司绩效会影响投资者投资一个公司股票的积极性。陈晓和江东（2000）国内 A 股进行实证分析，得出国有股比例与公司绩效负相关，胡洁和胡颖（2006）研究发现国有股比例与公司绩效呈“U”型关系，股权集中度与公司业绩表现出不显著的负相关关系。

4 日的市值为基期进行计算。价格指数用价值加权[①]来计算，其计算方法如下：

$$价格指数 = 各成分股的总市值/基期市值 \times 1\,000$$

其中，$$总市值 = \sum(市价 \times 发行股数)。\quad (4-4)$$

然后对价格指数取自然对数，t 期收益为：

$$\ln P_t - \ln P_{t-1} \quad (4-5)$$

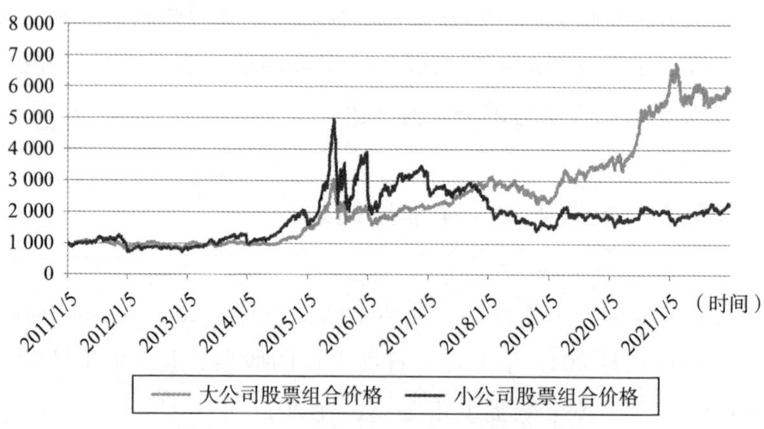

图 4-1　大公司和小公司股票组合价格指数

根据上证指数和深圳成分指数的涨跌情况，将 2011 年 1 月 4 日~2021 年 12 月 31 日的指数变化划分为牛市和熊市的四个阶段。2011 年 1 月 4 日~2014 年 6 月 19 日为熊市第一阶段，这一阶段为股票普遍性下跌。这一阶段上证指数从 2011 年 1 月 4 日的 2 852.65

① 尽管价值加权指数会增大高价值股票对股票的影响，但是相对于等权重而言，其影响程度还是较小。因为很多小公司股票都有做尾盘的特征（尾盘迅速拉升，实际上是在做收盘价，这么做的大部分目的是为第二天下跌做准备），这样会加剧以收盘价计算的观察到收益（并非是实现的收益）与真实收益的差距。相比较而言，大公司股票很难受到做尾盘的影响，笔者对指数还做了基比处理。

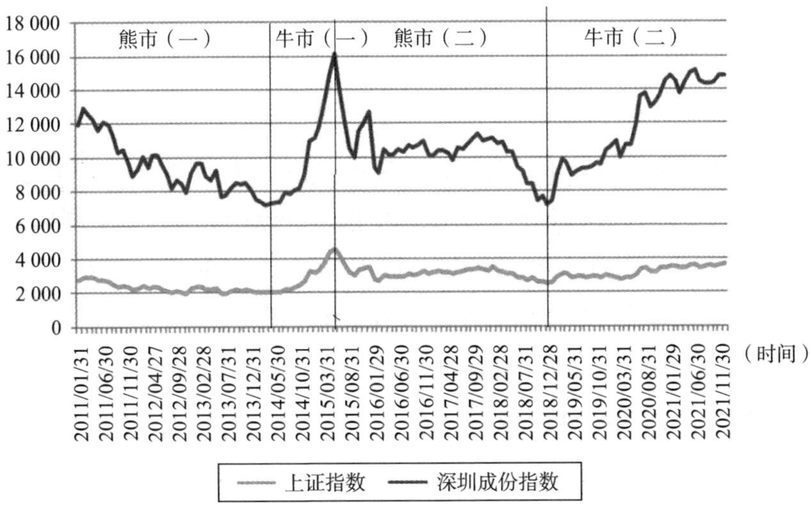

图 4－2　上证指数和深圳成份指数

点下跌到 2014 年 6 月 19 日的 2 023. 73 点，下跌了 29. 06%；深证成份指数从 2011 年 1 月 4 日的 12 714. 51 点下跌到 2014 年 6 月 19 日的 7 180. 32 点，下跌了 43. 53%。2014 年 6 月 20 日～2015 年 6 月 12 日为牛市第一阶段，这一阶段为普涨牛市阶段。这一阶段上证指数从 2014 年 6 月 20 日的 2 026. 67 点上涨到 2015 年 6 月 12 日 5 166. 35 点，上涨了 154. 92%；深圳成份指数从 2014 年 6 月 20 日的 7 195. 69 点上涨到 2015 年 6 月 12 日的 18 098. 27 点，上涨了 151. 52%。2015 年 6 月 13 日～2019 年 1 月 2 日为熊市第二阶段。在这一阶段大部分股票普遍下跌到结构性下跌阶段。上证指数从 2015 年 6 月 13 日的 5 062. 99 点下跌到 2019 年 1 月 2 日的 2 465. 79 点，下跌了 51. 3%；深证成份指数从 2015 年 6 月 13 日的 17 702. 55 点下跌到 2019 年 1 月 3 日的 7 089. 44 点，下跌了 59. 95%。2019 年 1 月 3 日～2021 年 12 月 13 日为牛市第二阶段，这一阶段为结构性牛市阶段。这一阶段上证指数从 2019 年 1 月 3 日的 2 464.36 点上涨到 2021 年 12 月 31 日 3 639.78 点，上涨了 47.7%；深圳成份指数从 2019 年 1 月 4 日的 7 284.8 点上涨到 2021 年 12 月 31 日的 14 857.35 点，上涨了 103.95%。

分析四个阶段股市涨跌特征，发现 2014 年 6 月 20 日 ~ 2015 年 6 月 12 日为牛市第一阶段，为整体牛市，市场几乎所有股票都同时上涨；2019 年 1 月 3 日 ~ 2021 年 12 月 13 日为牛市第二阶段，为结构性牛市，在这一阶段股票存在轮动上涨特征。

4.2.3 实证检验方法

本章主要目的是检验不同规模公司股票组合收益间是否存在领先滞后关系，即进行 Granger 因果检验，由于 Granger 检验只能用于平稳序列。因此先做单位根检验，看变量序列是否为平稳序列，若平稳，可构造回归模型等经典计量经济学模型，进行 Granger 因果检验；若非平稳，进行差分，当进行到第 i 次差分时序列平稳，则服从 i 阶整（注意趋势、截距不同情况选择，根据 P 值和原假设判定）。若所有检验序列均服从同阶整的，可构造 VAR 模型，做协整检验（注意滞后期的选择），判断模型内部变量间是否存在协整关系，即是否存在长期均衡关系。如果有，则可以构造 VEC 模型。如果不存在线性格兰杰因果关系，可以进一步探究是否存在非线性的因果关系。

4.2.3.1 单位根检验

如果一个时间序列的均值或自协方差函数随着时间而改变，那么这个序列就是非平稳序列。其表现形式如下：

随机过程 $\{y_t,\ t=1,\ 2,\ 3,\ \cdots\}$，若

$$y_t = \rho y_{t-1} + \varepsilon_t \tag{4-6}$$

其中，$\rho=1$，ε_t 为一个稳定过程，且 $E(\varepsilon_t)=0$，$\mathrm{Cov}(\varepsilon_t, \varepsilon_{t-s})=\mu_t<\infty$，这里，$s=0, 1, 2, \cdots$，则称该过程为单位根过程。

在单位根的检验中 *DF* 检验，常会因为序列存在高阶滞后而破坏了随机扰动项 ε_t 是白噪声的假设，尤其对于序列 y_t 服从 $AR(p)$ 过程。因此我们用 *ADF* 检验，参照文献［168］用如下检验方程：

$$\nabla y_t = \gamma y_{t-1} + \sum_{i=1}^{p} \xi_i \nabla y_{t-i} + \varepsilon_t \tag{4-7}$$

$$\nabla y_t = c + \gamma y_{t-1} + \sum_{i=1}^{p} \xi_i \nabla y_{t-i} + \varepsilon_t \tag{4-8}$$

$$\nabla y_t = c + \delta t + \gamma y_{t-1} + \sum_{i=1}^{p} \xi_i \nabla y_{t-i} + \varepsilon_t \tag{4-9}$$

上式（4-8）、式（4-9）分别代表有截距和有截距及时间趋势的情况。

由于 *ADF* 检验依赖于参数方法去处理序列相关与异方差，因此，我们也用 *PP* 去检验单位根，一方面因为 *ADF* 检验的 *iid* 假定条件在 *PP* 检验中得到放宽，另一方面由于 *PP* 程序在误差项施加了比较弱的条件。故 *PP* 检验被广泛应用于序列相关和时间独立异方差检验。

其检验的方程与上同，参照文献［168］可知 *PP* 检验是对检验中 t-统计量作如下修正：

$$t_{pp} = \frac{\gamma_0^{1/2} t_\gamma}{\omega} - \frac{(\omega^2 - \gamma_0) T s_\gamma}{2\omega\hat{\sigma}} \tag{4-10}$$

其中，

$$\omega^2 = \gamma_0 + 2\sum_{j=1}^{q}\left(1 - \frac{j}{q+1}\right)\gamma_j \tag{4-11}$$

$$\gamma_j = \frac{1}{T}\sum_{t=j+1}^{T} \tilde{\varepsilon}_t \tilde{\varepsilon}_{t-j} \tag{4-12}$$

t_γ 和 s_γ 是系数 γ 检验的 t-统计量和标准误差，$\hat{\sigma}$ 是检验方程的估计标准误差，T 是总时期数，q 是截尾期。针对序列的不同性质，*PP* 检验也分为带有常数项和带有常数项及时间趋势。

4.2.3.2　协整检验

如果时间序列 y_{1t}，y_{2t}，…，y_{nt}都是 d 阶整的，即 $I(d)$，存在一个协整向量。

$\alpha=(\alpha_1, \alpha_2, \cdots, \alpha_n)$，使 $\alpha y_t' \sim I(d-b)$，这里 $y_t=(y_{1t}, y_{2t}, \cdots, y_{nt})$，$d \geqslant b \geqslant 0$。

则称序列 y_{1t}，y_{2t}，…，y_{nt}是（d，b）阶协整的，记为 $y_t \sim CI(d, b)$，α 为协整向量。

因此对于两个时间序列变量 x_t 和 y_t 来说，若它们为同阶整的，才有可能存在协整关系。

为检验两个时间序列变量 x_t 和 y_t 是否协整，Engle 和 Granger 于 1987 年提出了两步检验法，称为 EG 检验。若已知序列 x_t 和 y_t 若都是 d 阶整的，则用一个变量对另一个变量进行回归，即有：

$$y_t=\alpha+\beta x_t+\varepsilon_t \tag{4-13}$$

若用 $\hat{\alpha}$ 和 $\hat{\beta}$ 分别表示回归系数估计值，则模型残差的估计值为：

$$\hat{\varepsilon}=y_t-\hat{\alpha}-\hat{\beta}x_t \tag{4-14}$$

若 $\hat{\varepsilon} \sim I(0)$，则 x_t 和 y_t 具有协整关系。

4.2.3.3　Granger 因果检验

因果分析经常被用于研究大公司股票组合与小公司股票组合价格或收益间的领先－滞后关系。下面的自回归时间序列模型将被用于检验两组公司收益间的格兰杰因果关系：

$$\Delta S_t = \alpha_0 + \sum_{i=1}^{l} \alpha_i \Delta S_{t-i} + \sum_{i=1}^{k} \beta_i \Delta L_{t-i} + u_t \tag{4-15}$$

其中 ΔS 是小公司股票价格取对数后的一阶差分，ΔL 是大公司股票价格取对数后的一阶差分[①]。u_t 是表现为正态分布的误差项，一个普通的实践是对于式（4-16）中的 α_i，β_i 任意取定滞后长度 l、k，然而格兰杰因果检验的结果对于滞后长度的选择较敏感[②]，故一般把滞后长度设定为一到六天。为完成式（4-16）的因果检验，计算 F 统计量，并令原假设为：不存在大公司价格对小公司价格的滞后因果影响。即：

$$H_0: \beta_i = 0 \quad \forall i \rangle 0 \tag{4-16}$$

如果式（4-16）中的自变量与因变量是可逆的，那么相反的假设，小公司股票价格影响大公司股票价格，可被以同样的方式进行检验。但要注意的一点是，用一阶差分对式（4-16）进行因果分析的一个前提是变量是非稳定和非协整。否则，两变量是同阶整和它们之间存在协整关系，那么式（4-16）必须进行如下修正：从协整回归中合并滞后残差为一个附加的自变量。在这种情况下，若误差修正项的系数显著不为零，便有了支持长期因果关系的证据。

4.2.3.4　似不相关回归[③]（SUR）

似不相关回归（seemingly unrelated regressions）是一种系统模型的估计方法。当人们能观察到所讨论问题的每个个体解释变量对被解释变量的影响只随个体变化，而不随时间变化，可以采用斜率随个体变化的面板数据模型进行研究[④]，此时的模型矩阵型式为：

$$Y = X\beta + U \tag{4-17}$$

---

① 这实际上就是对数收益序列。

② 滞后阶数的选择可以结合 AIC 准则来判断。

③ 本书使用的迭代似不相关回归，是在进行似不相关回归时其系数的收敛是用迭代的方法。

④ 事实上，在经济活动中，有许多问题具有同期相关性。如货币政策、要素价格和地缘经济因素等不宜观测或度量的因素的共同影响，同一个国家不同商品的需求量、不同企业的投资和不同地区的消费水平等经济变量表现出显著的同期相关性。

其中：$Y=\begin{bmatrix} Y_1 \\ Y_2 \\ \vdots \\ Y_N \end{bmatrix}_{NT\times 1}$，$X=\begin{bmatrix} X_1 & 0 & 0 & 0 \\ 0 & X_2 & 0 & 0 \\ 0 & & & \\ & 0 & \vdots & 0 \\ \vdots & & & \\ 0 & 0 & 0 & X_N \end{bmatrix}$，$\beta=\begin{bmatrix} \beta_1 \\ \beta_2 \\ \vdots \\ \beta_N \end{bmatrix}_{NK\times 1}$，$U=\begin{bmatrix} U_1 \\ U_2 \\ \vdots \\ U_N \end{bmatrix}$

$$X_i=\begin{bmatrix} x_{1i1} & x_{2i1} & \cdots & x_{ki1} \\ x_{1i2} & x_{2i2} & \cdots & x_{ki2} \\ \vdots & \vdots & \cdots & \vdots \\ x_{1iT} & x_{2iT} & \cdots & x_{kiT} \end{bmatrix},\ \beta_i=\begin{bmatrix} \beta_{1i} \\ \beta_{2i} \\ \vdots \\ \beta_{Ki} \end{bmatrix},\ U_i=\begin{bmatrix} u_{i1} \\ u_{i2} \\ \vdots \\ u_{iT} \end{bmatrix} \quad (4-18)$$

若模型（4－18）满足如下的四个条件：

1）对于 $i=1, 2, \cdots, N$，$E(U_i)=0$

2）对于 $i=1, 2, \cdots, N$，$E(U_iU'_i)=\sigma_i^2 I_T$

3）对于 $i, j=1, 2, \cdots, N$，$E(U_iU'_i)=\sigma_{ij}I_T$

4）对于 $i=1, 2, \cdots, N$，X_i 在重复抽样中是固定的。

显然上面的1)、2)、3）合起来意味着随机误差向量 U 的方差协方差矩阵为

$\Omega=\sum \otimes I_T$，其中 $\sum$ 为 σ_{ij} 构成的方差协方差矩阵。$\otimes$表示克罗内克乘积。

则称模型（4－23）为似不相关回归（SUR）。可见，在同一时刻，不同个体的被解释变量只受到共同的不可观测或不可度量因素影响时，或者说方程间的残差可能具有异方差和同期相关，但是单个方程不存在序列相关时利用似不相关回归模型是恰当的。而且似不相关回归（SUR）方法也是一个两阶段估计过程，它的估计量不但是一致的而且是渐进有效的。

4.2.3.5 非线性因果关系检验

模型（4－16）的Grange因果检验是在模型参数固定不变的线性框架下对变量之间关系进行检验，考察变量之间的线性因果关系，当时间序列呈现非线性动态变化趋势时，将无法正确地识别出变量之间是否存在着非线性因果关系，而且更重要的是忽略变量之间可能存在的非线性关系时，采用传统的Grange因果检验方法对其进行检验可能导致结论出现显著偏差。因此这里考虑非线性的格兰杰因果检验。

如果对于原假设 H_0：X_t 不是 Y_t 的格兰杰原因。实际上就是在给定 Y_t，Y_{t-1}，…的条件下，Y_{t+1} 与 X_t，X_{t-1}，…独立。对于滞后向量序列：$X_t^{l_X}=(X_{t-l_X+1},\ \cdots,\ X_t)$ 和 $Y_t^{l_Y}=(Y_{t-l_Y+1},\ \cdots,\ Y)$ 在不存在格兰杰因果关系的原假设下，$X_t^{l_X}$ 过去时期的观测值不包含关于 $Y_t^{l_Y}$ 的相关信息，即：

$$Y_{t+1}\mid(X_t^{l_X};\ Y_t^{l_Y})\sim Y_{t+1}\mid Y_t^{l_Y} \tag{4-19}$$

为了理论上的表述方便，假定 $l_X=l_Y=1$，并且不考虑下标，则不存在 X 对 Y 的格兰杰因果关系假设意味着给定 $(X,\ Y)=(x,\ y)$ 的 Z 的条件分许与仅给定 $Y=y$ 的条件分布相同。因此，利用联合概率密度函数表达如下：

$$\frac{f_{X,Y,Z}(x,\ y,\ z)}{f_{X,Y}(x,\ y)}=\frac{f_{Y,Z}(y,\ z)}{f_Y(y)}\text{或者}\frac{f_{X,Y,Z}(x,\ y,\ z)}{f_Y(y)}=\frac{f_{Y,Z}(y,\ z)}{f_Y(y)}\frac{f_{X,Y}(x,\ y)}{f_Y(y)} \tag{4-20}$$

令：$f_w(W_i)$ 表示随机向量 W 在 W_i 值处的局部核密度函数估计值，即：

$$f_w(W_i)=\frac{(2\varepsilon_n)^{-d_W}}{n-1}\sum_{j,j\neq i}I_{ij}^W \tag{4-21}$$

其中：$I_{ij}^{W}=I(\|W_i-W_j\|<\varepsilon_n)$，$I(°)$ 为指示函数。ε_n 为样本相关的带宽参数。当给定局部密度函数估计值时，可以进一步构造如下的检验统计量进行非线性格兰杰因果关系检验：

$$T_n(\varepsilon_n)=\frac{n-1}{n(n-2)}\sum_i(f_{X,Y,Z}(x,y,z)f_Y(y)-f_{X,Y}(x,y)f_{Y,Z}(y,z)) \tag{4-22}$$

迪斯克和潘切克（Disks & Panchenk，2006）研究表明，基于式（4-21）的检验统计量收敛于正态分布，即：$\sqrt{n}\frac{(T_n(\varepsilon_n)-q)}{S_n}\xrightarrow{d}N(0,1)$。

近些年来单位根检验、协整检验、ECM 等得到广泛推广和应用。很多人都会用单位根检验、Granger 因果检验和协整检验去分析一些时间序列数据问题，但是三者之间的关系应作如下澄清：

第一，若通过检验发现时间序列之间存在 Granger 因果关系，那么说明被检验的时间序列在统计上存在时间先后顺序关系，并不是完全的、确定的因果关系，对于具有随机性的时间序列数据而言更是如此（股票价格或收益时间序列就是典型的随机性时间序列数据）。

第二，Granger 因果检验的重要前提是各变量必须稳定，若存在单位根，通过一阶差分，变为平稳时，因而需要对非平稳变量进行一阶差分，并对残差进行检验。传统的基于 VAR 模型的 Granger 因果检验仅适用于非协整序列之间的因果检验，若要检验协整序列的因果关系，则需要采用最近新发展起来的基于 VEC 模型的检验。如果非平稳变量之间存在协整关系，则应考虑利用 VEC 模型进行检验，即不能省去模型中的误差修正项，否则得出的结论可能会出现偏差（Feldstein et al. ，1994）。基于 VEC 模型的 Granger 检验应利用 Wald 检验法，观察联合显著的 Wald 统计值。在进行脉冲响应分析之前，需要对 VAR 模型进行平稳性检验，通常非稳定的 VAR 模型不能进行脉冲响应函数分析①。

第三，协整结论仅表示变量间存在长期均衡关系，那么，到底是先做 Granger 因果检验还是先做协整呢？因为变量不平稳才需要协整，所以，首先应该对因变量进行差分，平稳后，可以用差分项进行 Granger 因果检验，来判定变量变化的先后时序，之后进行协整检验，看变量是否存在长期均衡？也可以在对差分前的非稳定序列做协整分析，然后对原始变量进行差分，根据第二个观点做 ECM 模型（或 VECM 模型）来判断因果关系方向（上面介绍的有关芬兰股市的检验就是按照这一思路进行的）。实际上 ECM 模型就可以判断出信息流动的方向，如信息是从大公司股票流向小公司股票，或者相反。ECM（或 VECM）回归的误差修正项系数是短期调整系数，它表示因变量的长期非均衡被短期修正的部分。

4.2.4 实证分析结果

4.2.4.1 基本统计特性分析

表 4－10 给出大公司股票和小公司股票组合收益的基本统计特性。它们的峰度都大于 3，表现出尖峰状态，除了熊市第一阶段的小公司股票组合其余都是左偏的。

① 这一观点见戴国强和张建华（2009）。

表 4-10 股票收益的基本统计特性概要

阶段	均值 标准差	偏度峰度	1	2	3	4	5
完全阶段							
L	0.00067 0.0159	-0.683 7.66	0.042** (4.67)	-0.024** (6.17)	0.001 (6.17)	0.021 (7.33)	0.009 (7.56)
S	0.00031 0.022	-3.98 52.8	0.1*** (26.5)	0.006*** (26.6)	0.042*** (31.4)	0.024*** (32.98)	0.018*** (33.82)
牛市阶段（一）							
L	0.0048 0.016	-0.37 5.25	0.063 (0.97)	-0.031 (1.21)	-0.093 (3.33)	0.068 (4.47)	-0.016 (4.53)
S	0.0058 0.02	-2.04 17.46	0.119** (3.44)	0.047 (3.99)	-0.018 (4.07)	0.075 (5.47)	0.033 (5.75)
牛市阶段（二）							
L	0.0013 0.014	-0.62 5.678	0.017 (0.22)	-0.018 (0.45)	0.002 (0.45)	-0.006 (0.48)	-0.026 (0.96)
S	0.0006 0.015	-1.076 8.14	0.068* (3.42)	0.051* (5.31)	0.015 (5.48)	-0.035 (6.38)	-0.072* (10.2)
熊市阶段（一）							
L	-0.000059 0.0138	0.07 3.68	0.007 (0.044)	-0.047 (1.91)	-0.008 (1.97)	-0.037 (3.11)	0.022 (3.53)
S	0.000255 0.02	-4.7 56.36	0.061* (3.17)	-0.03 (3.91)	-0.039 (5.16)	-0.035 (6.2)	-0.008 (6.26)
熊市阶段（二）							
L	-0.000286 0.0189	-0.026 8.71	0.048 (2.03)	-0.000 (2.63)	0.034 (3.67)	0.014 (3.83)	-0.079 (9.33)

续表

阶段	均值 标准差	偏度峰度	1	2	3	4	5
熊市阶段（二）							
S	-0.00138 0.029	-3.756 43.49	0.11*** (10.57)	-0.001*** (10.57)	0.087*** (17.13)	0.047*** (19.1)	0.041*** (20.51)

注：括号内的数字为 Ljung - Box 统计量。

从投资组合的收益和风险看。在完全阶段、牛市阶段二和熊市阶段二，大公司股票组合收益明显大于小公司股票组合收益，例如在完全阶段，大公司股票组合和小公司股票组合的收益分别为，0.00067 和 0.00031，但是小公司股票组合收益的风险却大于大公司股票收益的风险，二者分别为 0.0159 和 0.022。在牛市阶段一和熊市阶段一，大公司股票组合收益明显小于小公司股票组合收益，例如在熊市阶段一，大公司股票组合和小公司股票组合的收益分别为 -0.000059 和 0.000255，小公司股票组合收益的风险却大于大公司股票收益的风险，二者分别为 0.02 和 0.0138，体现了高风险和高收益的特征。

从投资组合的收益自相关特性看。完全阶段，大公司股票组合收益表现为滞后一阶与当期收益显著正相关，滞后二阶收益与当期收益显著负相关，二者相关程度分别为 0.042，-0.024；小公司股票组合收益也表现出类似的自相关特性。即滞后一阶、二阶、三阶、四阶和五阶收益与当期收益显著正相关，相关程度分别为 0.1，0.006、0.042、0.024 和 0.018，说明在完全阶段小公司股票的价格调整存在延迟。

在所划分牛市阶段和熊市阶段，大公司股票组合收益均没有表现出显著的滞后相关特性，说明大公司股票的价格变化不存在延迟，对信息的反应比较充分。

小公司股票组合收益表现出不同程度的滞后相关特性。在牛市阶段一和熊市阶段一，小公司股票组合收益表现出显著的一阶滞后相关性。在牛市阶段二，小公司股票组合收益表现出滞后一阶、二阶的显著正相关，以及滞后五阶的显著负相关。在熊市阶段二，小公司股票组合收益表现出滞后一阶、三阶、四阶和五阶的显著正相关，以及滞后二阶的显著负相关。

总之，我国股市的股票收益存在一定滞后相关性，这一点与许涤龙、王珂英（2001）的结果一致。在牛市阶段，大公司股票交易比小公司股票活跃，在熊市阶段小公司股票交易相对清淡。

表4-11给出大公司股票组合与小公司股票组合收益的交叉相关系数。表明大公司股票组合与小公司股票组合收益的同期相关系数为正，都超过了0.5，熊市阶段二的相关程度最高，为0.75，体现了较高的同期相关性，说明在熊市阶段二大公司股票与小公司股票价格对信息反应速度明显加快。

表4-11　大公司股票与小公司股票的收益交叉相关分析

	完全阶段	牛市阶段（一）	牛市阶段（二）	熊市阶段（一）	熊市阶段（二）
L，S	0.6672	0.5337	0.5745	0.6254	0.75
L_{t-1}，S	0.0789	-0.0086	0.082	0.017	0.11
L_{t-2}，S	0.0098	0.0057	-0.0002	-0.0575	0.037
L_{t-3}，S	0.0179	-0.0438	0.0353	-0.0277	0.03
L，S_{t-1}	0.0193	0.012	-0.037	0.033	-0.0001
L，S_{t-2}	-0.0313	-0.016	-0.06	-0.0086	-0.045
L，S_{t-3}	0.0272	-0.04	-0.042	-0.0494	0.0891

注：L，S表示大公司股票组合与小公司股票组合同期收益的关系，L_{t-2}，S表示滞后两期大公司股票组合与当期小公司股票组合的收益关系，L，S_{t-2}表示滞后两期小公司股票组合与当期大公司股票组合的收益关系。

在牛市阶段。在牛市阶段一，当期小公司股票组合收益与滞后一阶、滞后三阶大公司股票组合收益为负相关特性，当期大公司股票组合收益与滞后二阶和滞后三阶小公司股票组合收益为负相关特性，表现出明显的反转特性。在牛市阶段二，当期小公司股票组合收益与滞后一阶和滞后三阶大公司股票组合收益为正相关特性，表现为明显的轮动特征，当期大公司股票组合收益与滞后一阶、滞后二阶和滞后三阶小公司股票组合收益为负相关特性，表现出明显的反转特性。这些结果与洛哈尼（2000）对科威特股票市场的研究类似。

在熊市阶段。在熊市阶段一，当期小公司股票组合收益与滞后二阶和滞后三阶大公司股票组合收益为负相关特性，当期大公司股票组合收益与滞后二阶和滞后三阶小公司股票组合收益为负相关特性，表现出明显的反转特性。在熊市阶段二，当期小公司股票组合收益与滞后一阶、滞后二阶和滞后三阶大公司股票组合收益为正相关特性，表现为明显的轮动特征，当期大公司股票组合收益与滞后二阶和滞后三阶小公司股票组合收益为负相关特性，也表现出明显的反转特性。

4.2.4.2 单位根及线性 Granger 因果检验

单位根检验的目的是研究给定序列是稳定还是非稳定的，本节首先分析大公司股票组合和小公司股票组合价格以及收益序列的稳定性问题，单位根检验的结果如表4－12所示：

从表4－12看出大公司股票组合价格是有截距的单位根情况，小公司股票组合价格在熊市阶段二和牛市阶段一是平稳的。所有阶段股票组合收益都为稳定序列，说明大公司股票组合与小公司股票组合价格序列都是I（1）的，即一阶整的。由于大公司股票组合收益和小公司股票组合收益都是稳定的，因此表4－13利用格兰杰因果检验判断大公司股票和小公司股票组合收益序列间的领先滞后关系。

表 4 - 12　　单位根检验

	完全阶段		牛市阶段一		牛市阶段二		熊市阶段一		熊市阶段二	
	ADF	*PP*	*ADF*	*PP*	*ADF*	*PP*	*ADF*	*PP*	*ADF*	*PP*
价格										
L	0. 75	0. 68	4. 11	4. 48	-1. 42	-1. 42	-3. 05	-3	-2. 018	-2. 05
S	-0. 242	-0. 216	5. 53	5. 6	-2. 7 *	-2. 84 *	-1. 96	-1. 97	-3. 45 ***	-3. 72 **
收益										
L	-49. 56 ***	-49. 55 ***	-14. 44 ***	-14. 4 ***	-26. 5 ***	-26. 5 ***	-28. 6 ***	-28. 61 ***	-28. 1 ***	-28 ***
S	-46. 76 ***	-47. 24 ***	-13. 63 ***	-13. 67 ***	-25. 18 ***	-25. 16 ***	-27. 08 ***	-27 ***	-26. 3 ***	-26. 7 ***

表 4 - 13　　大公司和小公司股票组合价格协整检验

原假设	完全阶段		牛市阶段一		牛市阶段二		熊市阶段一		熊市阶段二	
	特征值	迹统计量	特征值	迹统计量	特征值	迹统计量	特征值	迹统计量	特征值	迹统计量
0 个协整	0. 004	15. 58	0. 09	24. 69 ***	0. 0116	10. 27	0. 01	16. 4 **	0. 024	21. 66 **
只多一个	0. 002	5. 34	0. 005	1. 17	0. 002	1. 81	0. 005	4. 56 **	0. 001	0. 67

利用约翰森协整检验方法分析大公司股票和小公司股票组合价格是不是协变关系。结果表明只有在牛市阶段一以及熊市阶段二者间具有协整关系。

表 4－14 给出大公司股票与小公司股票组合收益间的短期因果关系。在完全阶段，小股票组合收益对大股票组合收益在滞后 3 阶～5 阶存在领先作用。

表 4－14　大公司股票与小公司股票组合收益间的线性 Granger 因果检验

滞后期	完全阶段		牛市阶段一		牛市阶段二		熊市阶段一		熊市阶段二	
	L→S	S→L	L→S	S→L	L→S	S→L	L→S	S→L	L→S	S→L
1	0. 76	0. 35	1. 75	2. 42	0. 51	0. 84	0. 62	1. 11	1. 56	2. 65
2	0. 4	0. 64	0. 64	0. 93	1. 18	0. 66	1. 3	0. 84	1. 89	1. 57
3	0. 55	1. 85	0. 73	0. 84	0. 46	0. 52	0. 9	1. 45	2. 77**	6. 89***
4	1. 02	2. 26*	0. 56	0. 88	0. 41	2. 33*	0. 7	2. 48**	2. 86**	5. 56***
5	1. 15	1. 88*	0. 74	1. 35	0. 66	2. 11*	0. 94	2*	2. 57**	4. 51***
6	1. 18	1. 61	1. 1	1. 2	0. 67	1. 82*	0. 82	1. 85*	2. 31**	3. 7***

注：表中给出的是格兰杰因果检验的 F 统计量。

在牛市阶段。大公司股票组合收益与小公司股票组合收益不存在领先滞后关系，说明二者的价格调整非常同步。2014～2015 年的牛市恰好为资金推动型的普涨牛市，大公司股票和小公司股票的价格不存在显著的反转和轮动关系，因此它们的组合收益也没有表现为领先滞后关系。牛市阶段二，表现为滞后 3 阶～6 阶的小公司股票组合收益和大公司股票组合收益双向领先作用，表现为明显的价格轮动特征。

在熊市阶段。熊市阶段一和熊市阶段二，表现为在滞后 4 阶～6

阶处小公司股票组合收益对大公司股票组合收益的领先作用。

该结论表明在牛市阶段支持差别信息假说阿蒂亚斯（1980，1985），部分支持霍奇森等（1999）的观点。在熊市阶段的结论：小公司股票组合收益领先于大公司股票组合收益不支持阿蒂亚斯（1980，1985）的差别信息假说，但是却支持霍奇森等（1999）的观点，表现出来我国股票市场自己的特色。

对上面得出的小公司股票组合收益领先大公司股票组合收益的情况，我们可以用收益扩散机制来解释：在熊市阶段，尤其是反弹阶段[①]（Hameed et al.，2005）等对日本股市的研究把这称之为下降上升阶段，喜好风险的套利者购买小公司股票获得超额收益，并获利了结随后购买大盘蓝筹股。第一方面，是由于熊市悲观阶段一些蓝筹股起到政策性护盘的作用；第二方面，就是熊市阶段受到流动性限制，即使大盘蓝筹股的价格向下运行，由于接盘很小，使这些股票价格向下运行空间有限；第三方面，对于经验投资者而言，遵循牛市看趋势、熊市看业绩的投资理念；第四方面我国股市在中期反弹后期和熊市阶段经常出现“大象跳舞”“二八现象”，即占上市股票20%的大盘蓝筹股上涨、剩下的80%中小公司股票下跌现象；第五方面，一些机构投资者都配置了不同规模公司的投资组合，没有“二八”现象作掩护，会显著地增加小规模公司股票的冲击成本。使一些在小公司股票获利投资者都愿意最后博弈一下，以期获得最大受益。同时对于获利的投资者而言，其风险承受能力明显增强，一些人会从风险规避者变为风险喜好者，增加他们参加博弈的可能性。

---

① 在熊市的下降阶段，由于受到流动性限制，一般而言小公司股票的下降幅度会大于大公司股票，而且通常一个下降趋势伴随着另一个下降趋势。也会引起小公司股票收益对大公司股票收益的领先作用。

4.2.5　规模相关领先滞后关系模式的深入探究

4.2.5.1　自相关对领先滞后关系模式的影响

为了更进一步探究自相关对非对称交叉序列相关领先滞后模式的影响［这也是博多克（1994）与罗和麦金利争论的焦点之一：博多克（1994）认为这种规模相关领先滞后关系是虚假的，其主要原因是小公司股票的异步交易等问题而引起的自相关］，根据表 4－13 的结果发现，大公司股票和小公司股票组合收益间的领先滞后关系表现为滞后 3 阶以上，因此考虑利用 VAR 模型判断大公司股票组合收益与小公司股票组合收益的自相关与领先滞后关系。

$$R_{l,t} = \Phi_1 R_{l,t-1} + \Phi_2 R_{l,t-2} + \cdots + \Phi_p R_{l,t-p} + \phi_1 R_{s,t-1} + \phi_2 R_{s,t-2},\ \cdots,\ \phi_q R_{s,t-q} + \varepsilon_t$$

$$t = 1,\ 2,\ \cdots,\ T \tag{4-23}$$

其中 $R_{l,t}$ －大公司股票组合在 t 期的收益，$R_{s,t}$ －小公司股票组合在 t 期的收益。

根据估计的 VAR 模型，然后在 VAR 模型下检验大公司股票和小公司股票组合收益间的领先滞后关系。结果见表 4－15。

表 4－15　控制自相关的大公司与小公司股票组合收益间的线性 Granger 因果检验

滞后期	完全阶段		牛市阶段一		牛市阶段二		熊市阶段一		熊市阶段二	
	$L\to S$	$S\to L$	$L\to S$	$S\to L$	$L\to S$	$S\to L$	$L\to S$	$S\to L$	$L\to S$	$S\to L$
1	0.76	0.35	1.76	2.42	2.02	2.39	0.62	1.12	1.56	2.65

续表

滞后期	完全阶段		牛市阶段一		牛市阶段二		熊市阶段一		熊市阶段二	
	$L\to S$	$S\to L$	$L\to S$	$S\to L$	$L\to S$	$S\to L$	$L\to S$	$S\to L$	$L\to S$	$S\to L$
2	0. 81	1. 28	1. 85	2. 35	3. 49	4. 75 *	2. 59	1. 68	3. 77	3. 13
3	1. 64	5. 56	2. 18	2. 51	4. 16	6. 09	2. 7	4. 34	8. 3 **	20. 66 ***
4	4. 09	9. 05 *	2. 23	3. 53	4. 39	7. 26 *	2. 81	9. 94 **	11. 44 **	22. 24 ***
5	5. 77	9. 38 *	3. 72	6. 73	4. 16	8. 18	4. 7	10. 03 *	12. 84 **	22. 56 ***
6	7. 12	9. 68	6. 63	7. 19	4. 14	8. 99	4. 91	11. 1 *	13. 87 **	22. 22 ***

注：表中给出的是 VAR 模型因果检验的χ^2统计量。

分析表 4 - 14 的 VAR 结果，发现在分别控制大公司股票与小公司股票组合的自相关后，仍然存在一定小公司股票组合收益到大公司股票组合收益方向的领先滞后关系。尤其是在牛市的第一阶段和熊市的两个阶段。在牛市阶段一，没有控制自相关的情况下，大公司股票和小公司股票价格对市场信息调整迅速，不存在二者组合收益间的领先滞后关系，同样，在控制自相关条件下，大公司股票和小公司股票组合收益间仍然不存在领先滞后关系。在牛市阶段二，没有控制自相关的情况下，小公司股票组合收益在滞后 4 ~6 阶处领先于大公司股票组合收益。在控制自相关的条件下，小公司股票组合收益在滞后 2 阶和 4 阶仍然领先于大公司股票组合收益。在熊市阶段一，在没有控制自相关条件下，小公司股票组合收益在滞后 4 ~6 阶处领先于大公司股票组合收益。在控制自相关条件下，小公司股票组合收益在滞后 4 ~6 阶仍然领先于大公司股票组合收益；在熊市阶段二，在没有控制自相关条件下，在滞后 3 ~6 阶，小公司股票组合收益与大公司股票组合收益间存在双向的格兰杰因果关系，从显著性程度看，小公司股票组合收益领先于大公司股票组合收益强于大公司股票组合收益领先于小公司股票组合收益。在控制自相关条件下，小公司股票组合收益在滞后 3 ~6 阶仍然与大公司股票组合收益存在双向的格兰杰因果关系，从显著性程度看，小公司股票组合收益领先于大公司股票组合收益强于大公司股票组合收益领先于小公司股票组合收益。

综合分析表 4 – 13 和表 4 – 14 的结果，发现我国股市大公司和小公司股票组合间的领先滞后关系在控制了股票组合的自相关后仍然成立，说明我国股票不同规模股票组合收益间的领先滞后关系与自相关是独立的。也就是说这种领先滞后关系不是虚假的，不同规模股票组合收益间存在一定的预测作用。

4. 2. 5. 2　市场信息与公司具体信息下的领先滞后模式

通过 4. 2. 4 节和 4. 2. 5. 1 节的分析发现，无论在牛市阶段还是在熊市阶段，小公司股票组合收益对大公司股票组合收益存在 4 ~6 阶的领先滞后关系，而且这种领先滞后关系与组合收益的自相关是独立的。但是还不确定这种领先滞后关系是由于市场范围的共同信息引起的还是由于大公司股票组合或小公司股票组合特定消息引起的。为此，把大公司股票组合和小公司股票组合收益分解为市场收益和公司特定收益。

为了把总收益分解为市场条件下的收益和公司具体收益，采用如下的市场模型：

$$R_{S,t} = \alpha_S + \beta_{SM} R_{M,t} + e_{S,t} \tag{4-24}$$

$$R_{L,t} = \alpha_L + \beta_{LM} R_{M,t} + e_{L,t} \tag{4-25}$$

其中 $R_{S,t}$ 表示小公司股票组合在时刻 t 时的收益；$R_{L,t}$ 表示大公司股票组合在时刻 t 时的收益；$R_{M,t}$ 表示市场组合在时刻 t 时的收益，分别用上证指数和深圳成份指数收益来代替，也即在模型 4 –24 的回归中 $R_{M,t}$ 用上证指数收益代替，在模型 4 – 25 的回归中 $R_{M,t}$ 用深圳成分指数收益代替。β_{SM} 是小公司股票组合的市场贝塔系数，β_{LM} 是小公司股票组合的市场贝塔系数。α_S 和 α_L 分别表示小公司股票组合和大公司股票的回归系数；$e_{S,t}$和 $e_{L,t}$分别表示误差项或者小公司股票组合和大公司股票组合的公司特定收益。模型 4 – 27 和模型 4 – 28 的回归结果见表 4 – 16。

表 4 – 16　　市场模型的估计参数

	$R_{S,t}=\alpha_S+\beta_{SM}R_{M,t}+e_{S,t}$		$R_{L,t}=\alpha_L+\beta_{LM}R_{M,t}+e_{L,t}$	
	α_S	β_{SM}	α_L	β_{LM}
	完全阶段：2011. 1 ~ 2021. 12			
系数	0. 0003	0. 127 **	0. 00066 **	0. 039 *
t – 统计量	(0. 72)	(4. 68)	(2. 13)	(1. 66)
R^2	0. 759		0. 772	
	牛市阶段一：2014. 5 ~ 2015. 6			
系数	0. 0056 ***	0. 034 **	0. 0047 ***	0. 03 *
t – 统计量	(4. 21)	(1. 92)	(4. 44)	(1. 87)
R^2	0. 056		0. 729	
	牛市阶段二：2019. 1 ~ 2021. 12			
系数	– 0. 0001	0. 698 ***	0. 0007 ***	1. 11 ***
t – 统计量	– 0. 286	26. 1	2. 91	51. 01
R^2	0. 57		0. 77	
	熊市阶段一：2011. 1 ~ 2014. 5			
系数	0. 0003	0. 034 *	– 0. 000052	0. 059 *
t – 统计量	0. 39	1. 78	– 0. 08	1. 88
R^2	0. 07		0. 08	
	熊市阶段二：2015. 6 ~ 2019. 1			
系数	– 0. 0011	0. 2 ***	– 0. 00024	0. 037 *
t – 统计量	– 1. 2	3. 8	– 0. 4	1. 79
R^2	0. 016		0. 056	

从表 4 - 15 的市场模型结果看：牛市阶段二的大公司股票组合的贝塔值很高，贝塔值已经超过了 1，为 1.11；在完全阶段和牛市阶段一的大公司组合收益与小公司股票组合收益的贝塔值较小，基本维持在 0.03 和 0.127 之间；在熊市阶段，大公司和小公司股票组合收益的贝塔值中等，介于 0.034 和 0.2 之间。这说明在牛市阶段大公司和小公司股票对信息的反应比较迅速，好于熊市阶段对信息的反应。纵观不同市场阶段大公司股票和小公司股票的贝塔值，发现小公司股票对信息的反应明显好于大公司股票对信息的反应。

结合表 4 - 15 的回归结果，分别把大公司股票组合和小公司股票组合的当期收益对它们股票收益中分别包含系统收益和公司具体（特定）收益回归：用 $e_{S,t}$，$e_{L,t}$分别代表小公司、大公司股票组合特定的收益，而 $R_{S,t}-e_{S,t}$，$R_{L,t}-e_{L,t}$分别表示小公司股票组合和大公司股票组合的系统收益，因此可以把二者近似地当作交叉序列相关结构中所包含的市场范围信息。估计组合特定信息和组合包含的市场系统信息对各自组合收益的效果：

$$R_{S,t}=a_S+b_{SS}R_{S,t-i}+b_{SL}^{e}e_{L,t-i}+b_{SL}^{ML}R_{ML,t-j}+\varepsilon_{S,t} \quad (4-26)$$

$$R_{L,t}=a_L+b_{LL}R_{L,t-i}+b_{LS}^{e}e_{S,t-i}+\ +b_{LS}^{MS}R_{MS,t-j}+\varepsilon_{L,t} \quad (4-27)$$

其中 $R_{S,t}$表示小公司股票组合在时刻 t 时的收益；$R_{L,t}$表示大公司股票组合在时刻 t 时的收益；$e_{l,t-i}$表示大公司股票组合 i 阶滞后公司具体收益，$R_{ml,t-j}$表示大公司股票组合 j 阶滞后市场收益①；$e_{s,t-i}$表示小公司股票组合一阶滞后公司具体收益，$R_{ms,t-j}$表示小公司股票组合一阶滞后市场收益。b_{SS}表示小公司股票组合的 i 阶自相关系数，b_{SL}^{e}表示小公司股票组合收益对 i 天滞后大公司股票组合具体收益的反映（敏感性），b_{SL}^{ML}表示小公司股票组合收益对 i 天滞后大公司股票组合系统收益的反映（敏感性）；b_{LL}表示大公司股票组合的一阶

① 此处的滞后 i 阶和滞后 j 阶参考表 4 - 13 的格兰杰因果检验结果。

自相关系数，b_{LS}^{e}表示大公司股票组合收益对 j 天滞后小公司股票组合收益的反映（敏感性），b_{LS}^{MS}表示大公司股票组合收益对 i 天滞后小公司股票组合系统收益的反映（敏感性）。$\varepsilon_{S,t}$和 $\varepsilon_{L,t}$分别表示小公司和大公司股票组合回归模型的误差项。

式（4-26）和式（4-27）的回归结果见表 4-17：

表 4-17　　大公司股票与小公司股票对系统收益与公司特定收益的反应

	$R_{S,t}=a_S+b_{SS}R_{S,t-i}+b_{SL}^{e}e_{L,t-i}+b_{SL}^{ML}R_{ML,t-i}+\varepsilon_{S,t}$				$R_{L,t}=a_L+b_{LL}R_{L,t-j}+b_{LS}^{e}e_{S,t-j}+b_{LS}^{MS}R_{MS,t-j}+\varepsilon_{L,t}$			
	a_S	b_{SS}	b_{SL}^{e}	b_{SL}^{ML}	a_L	b_{LL}	b_{LS}^{e}	b_{LS}^{MS}
	完全阶段							
系数					0.0006**	0.049**	-0.03*	0.006
t-值					2.07	1.899	-1.65	0.04
R^2					0.12			
	牛市阶段二：2019.1~2021.12							
系数					0.001**	0.07*	-0.045**	-0.12
t-值					(2.33)	(1.78)	(-1.92)	(-0.89)
R^2					0.0125			
	熊市阶段一：2011.1~2014.5							
系数					0.001	0.11**	-0.086**	-0.66**
t-值					1.08	2.05	-1.99	-1.99
R^2					0.09			
	熊市阶段二：2015.6~2019.1							
系数	-0.00	-0.15***	0.13*	0.69	-0.0002	0.132**	-0.108	3.33*
t-值	-0.167	-2.63	1.91	0.65	-0.174	2.56	-1.375	1.916
R^2	0.08							

注：由于在完全阶段、牛市阶段二和熊市阶段一不存在大公司组合收益到小公司组合收益方向的领先滞后关系，因此没有做 4-26 模型回归。

从表4－16的结果来看，在完全阶段，表4－13的小公司组合收益到大公司组合收益方向的4～6阶领先滞后关系，是由于大公司股票价格对小公司组合股票包含的公司特定信息引起的，小公司股票组合收益对市场收益回归残差的系数为－0.03，在10%统计水平下显著，对于小公司股票价格中包含的市场信息回归系数不显著。

在牛市阶段二，小公司股票组合收益的领先关系是由于小公司滞后特定收益影响了大公司股票的当期收益引起的，而不是小公司股票包含的市场信息引起的。总之，牛市阶段，无论大公司股票还是小公司股票对不同公司包含的市场范围内信息反应快速和充分。

在熊市阶段一，小公司股票组合收益对大公司股票组合收益的领先作用是由于其包含的市场收益和特定收益共同引起的。说明在熊市阶段大公司股票价格调整存在一定的延迟。在熊市阶段二，大公司股票组合收益对小公司股票组合收益的领先作用是由于其包含的市场信息引起的。小公司股票组合收益对大公司股票组合收益的领先作用是由于其包含的特定收益引起的。总之，在熊市阶段，小公司股票对市场范围内的信息反应存在一定的延迟。

4.2.5.3　市场组合收益和组合特定信息下领先滞后模式

在4.2.5.2节的分析中，使用小公司和大公司股票组合的系统收益表示市场范围信息。本节直接使用滞后市场组合收益和组合特定收益来检验市场范围和组合特定信息对小公司股票组合和大公司股票组合收益的影响。使用分布滞后模型来解决上面的问题，模型如下：

$$R_{S,t} = a_S + b_{SS}R_{S,t-i} + b_{SL}^{e}e_{L,t-i} + b_{SM}^{M}R_{M,t-i} + \varepsilon_{S,t} \quad (4-28)$$

$$R_{L,t} = a_L + b_{LL}R_{L,t-j} + b_{LS}^{e}e_{S,t-j} + + b_{LM}^{M}R_{M,t-j} + \varepsilon_{L,t} \quad (4-29)$$

其中 $R_{S,t}$ 表示小公司股票组合在时刻 t 时的收益；$R_{L,t}$ 表示大公

司股票组合在时刻 t 时的收益；$e_{L,t-i}$表示大公司股票组合 i 阶滞后公司具体收益，$R_{M,t-i}$表示 i 阶滞后市场指数组合收益（代表市场范围信息）；$e_{S,t-j}$表示小公司股票组合 j 阶滞后公司具体收益，a_S 和 a_L 分别表示小公司组合和大公司组合的回归系数。b_{SS}是小公司股票组合收益的 i 阶自相关系数，b_{SL}^e表示小公司股票组合收益对 i 天滞后大公司股票组合具体收益的反映（敏感性），b_{SM}^M表示小公司股票组合收益对 i 天滞后市场指数组合收益的反映（敏感性）；b_{LL}表示大公司股票组合收益的一阶自相关系数，b_{LS}^e表示大公司股票组合收益对 j 天滞后小公司股票组合具体收益的反映（敏感性），b_{LM}^M表示大公司股票组合收益对 j 天滞后市场指数组合收益的反映（敏感性）。$\varepsilon_{S,t}$和 $\varepsilon_{L,t}$分别表示小公司和大公司股票组合回归模型的误差项。式（4－28）和式（4－29）回归结果如表 4－18：

表 4－18　大公司股票与小公司股票对市场指数组合收益与公司特定收益的反应

	$R_{S,t}=a_S+b_{SS}R_{S,t-i}+b_{SL}^e e_{L,t-i}+b_{SM}^M R_{M,t-i}+\varepsilon_{S,t}$				$R_{L,t}=a_L+b_{LL}R_{L,t-j}+b_{LS}^e e_{S,t-j}+b_{LM}^M R_{M,t-j}+\varepsilon_{L,t}$			
	a_S	b_{SS}	b_{SL}^e	b_{SL}^{ML}	a_L	b_{LL}	b_{LS}^e	b_{LS}^{MS}
	完全阶段：2011.1～2021.12							
系数					0.00065**	0.049*	－0.03*	0.0008
t－值					2.1	1.9	－1.65	0.04
R^2					0.009			
	牛市阶段二：2019.1～2021.12							
系数					0.0012**	0.072	－0.045**	－0.083
t－值					(2.36)	(0.73)	(－2.15)	(－0.89)
R^2					0.0125			

续表

	$R_{S,t}=a_S+b_{SS}R_{S,t-i}+b^e_{SL}e_{L,t-i}+b^M_{SM}R_{M,t-i}+\varepsilon_{S,t}$				$R_{L,t}=a_L+b_{LL}R_{L,t-j}+b^e_{LS}e_{S,t-j}+b^M_{LM}R_{M,t-j}+\varepsilon_{L,t}$			
	a_S	b_{SS}	b^e_{SL}	b^{ML}_{SL}	a_L	b_{LL}	b^e_{LS}	b^{MS}_{LS}
	熊市阶段一：2011. 1 ~ 2014. 5							
系数					0. 00013	0. 03	-0. 076**	0. 046
t - 值					0. 027	0. 7	-2. 53	1. 33
R^2					0. 1			
	熊市阶段二：2015. 6 ~ 2019. 1							
系数	-0. 001	0. 13**	-0. 11	0. 123*	-0. 00023	-0. 154***	0. 13***	0. 04
t - 值	-1. 06	2. 56	-1. 38	1. 92	-0. 357	-2. 99	3. 93	1. 185
R^2	0. 148				0. 182			

从表 4 - 17 发现，与表 4 - 16 的结果类似，在完全阶段，小公司股票组合收益对大公司股票组合收益的领先关系是由于小公司股票滞后特定收益影响大公司股票的当期收益，回归系数为 -0. 03，在 10% 统计水平下显著。在牛市阶段二，小公司股票组合收益对大公司股票组合收益的领先关系是由于小公司股票滞后特定收益影响大公司股票的当期收益，回归系数为 -0. 045，在 5% 统计水平下显著。同样，小公司股票组合收益对大公司股票组合收益的领先作用是由于其市场信息和特定收益共同引起的，说明在熊市阶段大公司股票的价格调整存在一定延迟。在熊市阶段二，大公司股票组合收益对小公司股票组合收益的领先作用是由于市场信息引起的。但是小公司股票组合收益对大公司股票组合收益领先作用是小公司股票组合包含的特定收益引起的。

4. 2. 5. 4　非线性因果检验

根据表 4 - 13 的结果发现，在完全阶段、牛市阶段二以及熊市阶段一存在小公司股票组合收益到大公司股票组合收益方向的格兰杰因果关系，而且表现在滞后 4 ~6 阶的因果关系；在牛市阶段一不存在小公司股票组合收益与大公司股票组合收益间格兰杰因果关系；在熊市阶段二存在大公司股票和小公司股票组合收益间的双向格兰杰因果关系。本节利用 4. 2. 3 的非线性格兰杰因果检验方法去检验所构造的大公司股票和小公司股票组合收益间是不是存在显著的非线性因果关系。本节利用 HJ 检验方法进行检验，结果见表 4 – 19：

表 4 – 19　大公司股票与小公司股票组合收益间的非线性因果检验

滞后期	完全阶段		牛市阶段一		牛市阶段二		熊市阶段一		熊市阶段二	
	L→*S*	*S*→*L*	*L*→*S*	*S*→*L*	*L*→*S*	*S*→*L*	*L*→*S*	*S*→*L*	*L*→*S*	*S*→*L*
1	3. 24***	2. 69***	2. 58***	2. 1**	0. 99	0. 625	– 2. 29	0. 52	2. 84***	1. 41*
2	3. 57***	3. 01***	2. 62***	1. 92**	1. 53*	1. 87**	– 1. 29	0. 23	2. 91***	1. 72**
3	3. 54***	2. 83***	2. 78***	1. 96**	0. 98	1. 98**	– 0. 75	– 0. 17	2. 71***	2. 37***
4	2. 23***	2. 69***	2. 7***	1. 84**	0. 61	2. 14**	– 1. 71	0. 11	1. 94**	2. 0**
5	3. 1***	2. 16**	2. 83***	1. 75**	0. 82	1. 52*	– 0. 63	– 0. 25	1. 7**	1. 88**
6	3. 27***	2. 19**	2. 82***	1. 84**	0. 32	1. 75**	– 0. 25	– 0. 36	1. 83**	1. 38*

注：表中给出的是非线性因果检验的 *T* 统计量。

分析表 4 – 18 结果，发现在完全阶段、牛市阶段一和熊市阶段二，大公司股票和小公司股票组合收益间存在显著的双向非线性因果关系，说明在这些阶段内大公司股票与小公司股票组合收益间存在此消彼长的轮动效应。但是在牛市阶段二，小公司股票组合收益对大公司股票组合收益的领先作用明显强于大公司股票组合收益对小公司股票组合收益的领先作用。大公司股票组合收益对小公司股票组合收益的领先作用仅存在于滞后 2 期，而小公司股票组合收益对大公司股票组合收益的领先作用存在于滞后 2 期 ~ 滞后 6 期，显著性 p 值明显好于大公司股票组合收益的领先作用。在熊市阶段一，大公司股票和小公司股票组合收益间的双向非线性因果关系不显著。

4.3 本章小结

本章主要探讨中国股票市场的规模相关领先滞后结构，结果表明，在完全阶段，存在小公司股票组合收益到大公司股票收益方向的领先滞后关系。在牛市阶段一，小公司股票组合收益与大公司股票组合收益间不存在领先滞后关系；在牛市阶段二，表现为小公司股票组合收益在滞后 4～6 阶对大公司股票组合收益具有领先作用。在熊市阶段一，同样表现为小公司股票组合收益在滞后 4～6 阶对大公司股票组合收益具有领先作用；在熊市阶段二，仍然表现为小公司股票组合收益与大公司股票组合收益的双向格兰杰因果关系，从显著性程度看，可以看作小公司股票组合收益领先于大公司股票组合收益（非对称的因果关系）。在分别控制大公司和小公司股票组合收益自相关后，二者间的线性领先滞后关系仍然存在，说明我国股市不同规模股票组合收益的自相关和领先滞后关系是独立的。

深入探究表明，我国股市的这种规模相关领先滞后关系，主要是由于不同规模公司股票对公司特定信息的反应延迟引起，而不是由于对公司股票包含的市场信息以及市场信息的反映延迟引起的。进一步分析表明，我国股市的规模相关领先滞后关系的表现形式为滞后 4 阶以上，说明这种远期的领先滞后关系主要可以归结为股票价格的不规则轮动，而不是由于股票价格变化的惯性和反转引起的，可以借助非线性因果检验的结果作为佐证。

本章研究结论与国外股市的研究结论有一定差异。芬兰股市的实证研究中信息无论何时都是从大公司股票流向小公司股票。也不同于澳大利亚股市的研究结论：在牛市阶段小公司股票收益起到领先作用，大公司股票收益在牛市和熊市起到同等重要作用。首先，芬兰的研究没有区分市场阶段，会存在小公司股票收益对大公司股票收益不引人注意的领先作用，如果作者区分不同市场阶段的话，其结论会有所变化，另外，小公司股票的交易清淡问题也是不容忽视的。其次，我国的股权结构与芬兰股票市场的公司的股权结构是有差别的：芬兰股市的大公司很多是私有的家族控股，我国股市的大公司股票主要是国有控股。最后，澳大利亚股市的研究是采用15分钟时段数据，高频数据体现较多的是公司个体因素，却不能完全反映宏观和中观层面的因素。另外，与德国和土耳其的研究相比，其在不同规模公司选择上同时考虑规模和雇佣工人的人数，这在一定程度上保证所选择的公司在规模大小非常接近的范围内，这有利于降低不同公司股票交易价格变化的异质性，降低异质性实际上就是减弱异步交易影响。

第5章　交易量与领先滞后关系

股市中的交易量对研究者和从业者来说是一个非常重要的变量，它既可以当作潜在共同因子的替代变量[①]，也可以根据它与股票价格、波动性的关系来推知股票未来价格变化趋势。本章研究交易量换手率相关的领先滞后关系，因为大公司股票的成交量也非常大，所以利用交易量换手率而不直接用交易量本身是为了防止交易量是规模的一个近似变量。本章目的一是探究是否存在交易量换手率相关的领先滞后关系，以及这种领先滞后关系是否与规模相关领先滞后关系独立。二是研究自相关与非对称交叉序列相关在领先滞后关系中的作用。

5.1　国外股市经典实证检验简介

5.1.1　美国股市的实证检验

奇奥迪亚和斯瓦米纳森（2000）（以下简称“C&S”）针对交叉

① 见哈密德（1997）。

序列相关以及领先滞后关系的两类观点：第一，交叉序列相关是时变期望收益的结果（Conrad et al.，1988），认为交叉序列相关仅是组合自相关和组合间同期相关的重述（Hameed，1997；Boudoukh et al.，1994），所以一旦考虑组合自相关，那么组合间的交叉序列相关就会消失；第二，交叉序列相关以及组合自相关是市场微观结构偏差的结果，如交易清淡（交易清淡不但存在于大公司股票，如熊市中的大公司股票交易，而且存在于小公司股票）。C&S 以美国股票市场为研究对象，以 CRSP 中 NYSE/AMEX 股票数据库为基础，设计几种检验方法进行实证研究。在控制公司规模以及滞后低交易量组合收益的前提下，对较高交易量和较低交易量组合的收益进行向量自回归，检验是否滞后高交易量组合收益预测当期低交易量组合收益，即高交易量组合收益中提前消化市场范围的普通信息。

若证券价格对信息的调整很慢，那么价格的增加（减少）会跟随着价格的增加（减少），这会导致股票收益正的自相关。组合自相关表中发现高交易量的股票对信息调整速度很快的假设一致。另外，正的组合自相关也出现了非交易征兆。对于大公司组合，其非交易情况很小，由非交易所蕴含的自相关会更小。这说明非交易问题并不是自相关的唯一解释。

从交叉序列相关表看出，每一个规模组合内，滞后高交易量组合收益与当期低交易量组合收益的相关系数总是大于滞后低交易量组合收益与当期高交易量组合收益。例如在最大的规模组合内，以日收益为例，滞后高交易量组合收益，$r_{44,t-1}$与当期低交易量组合收益，$r_{41,t}$的相关系数为 0.30，而滞后低交易量组合收益，$r_{41,t-1}$与当期高交易量组合收益，$r_{44,t}$的相关系数为 0.12；同样，以周收益为例，$r_{44,t-1}$与 $r_{41,t}$的相关系数为 0.15，而 $r_{41,t-1}$与 $r_{44,t}$的相关系数为 0.06。从日收益和周收益数据观察到的领先滞后模式表明非同期交易并不是领先滞后模式的唯一根源①。

根据博多克等（1994）提出的组合收益 AR（1）模型，可以用该模型来检查是否交叉序列相关仅是刻画低交易量组合较高自相关的无效方式。在规模交易量组合的框架下，AR（1）模型将预测滞后高交易量组合收益，$r_{i4,t-1}$与当期低交易量组合的收益，$r_{i1,t}$的相关系数应该小于或等于低交易量组合 $r_{i1,t}$的自相关，即 $\mathrm{Corr}(r_{i1,t}, r_{i4,t-1}) \leqslant \mathrm{Corr}(r_{i1,t}, r_{i1,t-1})$。低交易量组合的自相关应该大于它们与滞后高交易量组合收益的交叉序列相关。结果表明在每一规模组合内，低交易量组合 P_{i1}与滞后高交易量组合的交叉序列相关超过自己的自相关，即：$\mathrm{Corr}(r_{i1,t}, r_{i4,t-1}) > \mathrm{Corr}(r_{i1,t}, r_{i1,t-1})$，例如，在面板 B 的规模 1 中，$\mathrm{Corr}(r_{11,t}, r_{14,t-1})$ 为 0.43，$\mathrm{Corr}(r_{11,t}, r_{11,t-1})$ 为 0.39。不管日收益还是周收益数据，在每一个规模组合内都有相同模式，表明交叉序列相关包含关于调整速度差别的独立信息。

按照布莱南等（1993）的思路，C&S 考虑利用向量自回归（VAR）检验解决如下两个问题：（a）是否交叉序列相关与自相关是信息独立的？（b）高交易量股票预测低交易量股票收益的能力强于低交易量股票预测高交易量股票收益？其检验结果见表 5 – 1：

表 5 – 1　　　　不同规模组合内的向量自回归

面板 A 日收益（NOBS = 8 555）						
LHS	*L*1	*Low*	*H*1	*High*	$\bar{R}^2$	*Z*（*A*）
*P*11	–0.0308 ***	0.1524 *	0.3053 *	0.4511 *	0.16	5.05 *
*P*14	0.0767 *	0.1565 *	0.2466 *	0.3289 *	0.11	

① 有关这些数据以及下面的数据的详细内容见文献【70】。

续表

面板 A 日收益（NOBS = 8 555）						
LHS	*L*1	*Low*	*H*1	*High*	$\bar{R}^2$	*Z*（*A*）
*P*21	-0.0343	0.1942 *	0.2429 *	0.2507 *	0.22	3.05 *
*P*24	-0.1798 **	-0.0912	0.3310 *	0.4067 *	0.08	
*P*31	0.0240	0.1633 ***	0.1943 *	0.2129 *	0.21	3.18 *
*P*34	-0.2645 *	-0.3154 **	0.3157 *	0.4541 *	0.06	
*P*41	0.0161	0.0111	0.1706 *	0.1993 *	0.09	3.97 *
*P*44	-0.2160 *	-0.3758 *	0.3032 *	0.4371 *	0.05	
联合检验：$W_{A,4}^{u} = W_{A,4}^{C} = 75.15^{*}$						

面板 B 周收益（NOBS = 1 773）				
LHS	*L*1	*H*1	$\bar{R}^2$	*Z*（*A*）
*P*11	0.1195 **	0.2423 *	0.19	1.92 **
*P*14	0.0512	0.2610 *	0.08	
*P*21	0.0867	0.1506 *	0.12	1.18
*P*24	-0.0563	0.2477 *	0.05	
*P*31	0.0477	0.1374 *	0.09	1.37 **
*P*34	-0.0889	0.2045 *	0.03	
*P*41	0.0088	0.0836 *	0.02	1.66 **
*P*44	-0.1413	0.1704 *	0.01	
联合检验：$W_{A,4}^{u} = W_{A,4}^{C} = 24.21^{*}$				

注：该表见参考文献［70］第925页。

表5-1表明，在每一个规模组合内，滞后高交易量投资组合收益预测当期低交易量和高交易量投资组合的收益。高交易量投资组合滞后收益对应的斜率系数和为正，并且在每一个回归内都在1%水平下显著。尽管单个系数表明大部分的冲击发生在滞后一阶，但是超过一阶的预测能力也是显著的。面板A的结果表明 $r_{i4,t-1}$ 预测

$r_{i1,t}$的能力大于 $r_{i1,t-1}$ 预测 $r_{i1,t}$的能力，说明在决定证券对经济范围信息的反应速度上，交叉序列相关比自相关更重要。

在表 5－1 的面板 B 中，发现在每一个规模组合内，高交易量组合的滞后收益在统计上和经济上存在对低交易量投资组合将来收益的显著预测力；相反，低交易量组合滞后收益没有能力预测高交易量组合的将来收益，对低交易量组合将来收益仅存在微弱预测力。从周收益和日收益不同组合间的预测能力看，异步交易不太可能成为领先滞后交叉序列相关的主要解释力。

C&S 的研究得出如下结论：高交易量股票收益领先于低交易量股票收益的主要原因在于高交易量股票对市场信息调整较快，与调整速度假说一致，这样交易量在市场信息扩散扮演了一个重要角色。交易清淡可以解释部分领先滞后效应，但是不能解释全部，并且领先滞后效应也不能被自相关解释。

5.1.2　日本股市的实证检验

哈密德和库斯纳第（Hameed & Kusnadi，2005）按照麦克奎、皮内加和托雷（1996）的思路研究日本股票市场的交叉序列关系以及市场条件对其影响。他们发现在美国市场上价值排序组合收益受到短期市场条件的显著影响，交叉序列相关在短期上升状态明显高于其他市场状态。哈密德和库斯纳第（2005）把市场状态分为短期和长期进行比较研究，研究表明日本市场的交叉序列相关仅当短期下降状态和长期下降状态（下降－下降）显著。在该状态下非正常交易量显著地低，尤其是小公司，这一结论与在坏消息条件下的约束性交易限制有关。其认为交叉序列相关的一个重要原因是小公司对负面市场消息的冲击反应延迟有关。

若在下降市场状态下，S_5（最大投资组合）对普通信息的反应

速度快于 S_1（最小投资组合）则应该有：$\sum_{k=1}^{K} b_{k,DOWN} > \sum_{k=1}^{K} c_{k,DOWN}$，上升和下降的滞后市场条件定义为滞后 12 周的市场收益和滞后 6 周的市场收益。

表 5－2　　日本市场规模排序向量自回归

面板 A：无条件 VAR						
LHS	小公司	大公司			R^2	Wald－统计
*S*1	0. 20 ** (2. 06)	0. 35 *** (2. 73)			0. 09	34. 43 ***
*S*5	－0. 05 (－0. 72)	0. 16 (1. 37)			0. 01	
面板 B：条件 VAR；*L*＝12 周						
LHS	小公司上升	大公司上升	小公司下降	大公司下降	R^2	Wald－统计
*S*1	0. 44 *** (5. 47)	0. 13 (1. 04)	－0. 11 (－0. 55)	0. 73 *** (2. 77)	0. 11	上升： 1. 47
*S*5	0. 05 (0. 75)	0. 26 * (1. 89)	－0. 13 (－0. 96)	0. 11 (0. 54)	0. 02	下降： 37. 83 **
L＝26 周						
*S*1	0. 46 *** (5. 05)	0. 13 (0. 99)	－0. 17 (－0. 87)	0. 80 *** (3. 08)	0. 12	上升： 0. 54
*S*5	0. 08 (1. 11)	0. 09 (0. 72)	－0. 20 (－1. 46)	0. 30 (1. 44)	0. 03	下降： 53. 36 ***
面板 C：条件 VAR（排出交易量最小的股票，*L*＝12 周）						
LHS	小公司上升	大公司上升	小公司下降	大公司下降	R^2	Wald－统计
*S*1	0. 44 *** (4. 72)	0. 06 (0. 51)	－0. 10 (－0. 44)	0. 63 ** (1. 95)	0. 07	上升：0. 00
*S*5	0. 07 (0. 88)	0. 22 (1. 57)	－0. 12 (－0. 88)	0. 11 (0. 48)	0. 02	下降： 29. 89 ***

注：该表见参考文献［117］第 26 页。

从表 5 -2 面板 A 看出，滞后大公司收益显著影响小公司收益（$\sum_{k=1}^{4} b_k = 0.35$），大公司和小公司的滞后收益联合解释小公司周收益变化的 9%。滞后小公司收益并没有预测大公司收益（$\sum_{k=1}^{4} c_k = -0.05$）。该结论与美国市场的结论类似。从面板 B 看出，滞后大公司收益与当期小公司收益间关系仅在下降市场状态下才显著：$\sum_{k=1}^{4} b_{k,DOWN} = 0.73$，该系数显著大于上升状态：$\sum_{k=1}^{4} b_{k,UP} = 0.13$。在控制自身滞后收益的影响效应后，在下降（上升）市场状态下，大公司组合收益下降 1%，会导致小公司组合收益下降 0.72%（0.13%）。在表 5 -2 的面板 C 中，略去组合中极端交易量情况，发现滞后大公司收益与小公司收益间的交叉序列相关为正，0.63%，在 5% 统计水平下显著，因此认为市场摩擦，如异步交易、买卖价差、交易清淡效应并不能解释市场状态和普通信息的滞后价格调整关系。

根据 C&S 假设：交易量在股票收益交叉序列相关中扮演一个重要角色：低交易量组合阻碍价格调整过程，因此低交易量组合的价格对普通信息的反应存在一个滞后。在控制公司规模前提下，市场上升和下降状态下交易量排序组合是否存在交叉序列相关？其检验结果如表 5 -3 所示：

表 5 -3　　规模交易量组合的向量自回归

LHS	小公司 -上升	大公司 -上升	小公司 -下降	大公司 -下降	R^2	WALD -统计量
*SV*11	0.02 (0.16)	0.49 *** (4.33)	-0.44 * (-1.91)	0.69 *** (3.67)	0.16	上升： 8.29 ***

续表

LHS	小公司－上升	大公司－上升	小公司－下降	大公司－下降	R^2	WALD－统计量
*SV*15	0.06 (0.37)	0.34** (2.02)	－0.53* (－1.68)	0.66** (2.45)	0.06	下降： 15.16***
*SV*31	0.35** (2.39)	0.14 (1.51)	－0.29 (－1.22)	0.38** (2.56)	0.10	上升：0.79
*SV*35	0.32 (1.54)	0.09 (0.48)	－0.57 (－1.27)	0.35 (1.18)	0.03	下降： 4.48**
*SV*51	0.28 (1.52)	0.03 (0.21)	－0.42 (－1.56)	0.46*** (2.73)	0.04	上升：0.79
*SV*55	0.18 (1.08)	－0.01 (－0.06)	－0.31 (－0.85)	0.21 (0.86)	0.02	下降： 4.48**

注：其中：*SV*11 表示最小规模组合内最小交易量换手率组合，*SV*15 表示最小规模组合内的最大交易量换手率组合；*SV*51 表示最大规模组合内最小交易量换手率组合，*SV*55 表示最大规模组合内的最大交易量换手率组合。该表见参考文献［117］第 32 页。

表 5－3 的结果表明，在每一个规模组合内部，滞后高交易量组合收益与当期低交易量组合收益间的交叉序列相关仅在下降状态下显著。滞后大公司高交易量组合收益与当期低交易量组合收益间的交叉序列相关在下降状态显著，上升状态不显著。尽管交易量的差别引起价格调整速度不同，但是低交易量组合在负面市场状态下反应更慢。

因此发现市场条件显著影响交叉序列相关及股票周收益的调整速度。在市场价值经历一段时间（短期和长期）下跌之后，当期小公司组合收益与滞后大公司组合收益存在显著正相关，这种收益间的显著交叉正相关跟较低组合非正常交易量以及单个股票，尤其是小公司股票对市场范围负面消息反应存在较大延迟有关。这种滞后的市场状态效应并不能由市场微观结构偏差来解释，如异步交易和交易清淡。

5.2　中国股市的实证检验

5.2.1　数据处理

为了深入研究中国股票市场是否存在交易量有关的领先滞后关系（交易量效应），如果存在，交易量效应与规模效应的关系如何，异步交易是否对交易量效应构成影响，下面以我国股市 2011 年 1 月之前上市的股票为研究样本，共有：1 782 只股票，研究区间为 2011 年 1 月 1 日 ~2021 年 12 月 31 日，在研究时间段内，为了避免股票价格异常波动以及交易清淡而引起异步交易的影响，剔除在研究区间内被 ST、PT 的股票、连续两年内长时间停牌（停牌超过了 50 个交易日）的以及经常配股的股票，这样剩下 639 只股票。股票价格做了向后复权处理（包括分红、配股等），股票价格数据、收益、流通市值、换手率等取自 WIND、通达信、招商证券以及 CCER 数据库。

2011 ~2021 年间在我国股票市场交易的股票经过如上筛选后，又进行如下分组：从 2011 ~2020 年每一年的年初按照上一年 12 月底[①] 的流通市值对上面所选 639 只股票平均分为三个公司规模组。在每一个组合内的公司按照这些公司在上一年的年平均换手率作为交易量的度量［一些先前文献：杰恩和约翰（1988），坎贝尔，格罗斯

① 有的学者担心用 12 月底的数据可能受到 1 月效应的影响，如 Desai 和 Tavakkol（2001）用每年 12 月的头半个月的流通市值取平均值。但是李红兵、孙丽敏（2009）的研究发现我国股市并不存在显著的 1 月效应，同时我也认为我国股市 1 月效应不会有美国股市那么明显，而且 C&S 的研究也没有考虑这一问题，因此我用每年的年底流通市值数据作为划分规模的标准。

曼和王（1993）已经用换手率来度量交易量]① 进一步分成三个组，构成规模－交易量组合（SV 组合）。在这 9 个投资组合内部，一个公司股票在一年内必须至少有 90 天的交易量观测值。一旦在每一年年初投资组合形成，该组合的成分保持到今年的其余天数里。日和周的等权重投资组合收益通过平均计算没有缺失的日交易数据和周收益数据来获得。为了最小化无交易现象对交叉序列领先滞后关系的影响，在 t 或 $t-1$ 没有交易的公司排除在 t 日组合收益的计算，这保证连续两个交易日没有交易股票的日收益排除在这两天的组合收益计算，以及随后交易日的计算。为了消除无交易现象对结论影响，用上个周三和本周三的收盘价来度量周收益（Boudoukh et al.，1994）等分别以周二、周三、周四、周五的数据计算收益自相关情况发现，周二数据计算的收益自相关最小、周五数据计算的收益自相关最大，而用周三数据计算的收益自相关适中。在数据处理上与 C&S 研究不同的是，按照先处理不满足分组要求的股票后进行划分的原则，在每一规模组合内，交易量组合都是等数量的（639 只股票平均分成了 3 组，每组 213 只股票；在每一个规模组合内，按照平均交易量的大小平均分成三组：每组 71 只股票），而在 C&S 的研究中，他是先分组，后剔除不合格的股票（在一年内交易天数缺失很多的股票）②，会使不同规模公司组合内的股票个数不等，使他们的数据统计效果增强（样本股票越多其异质性会越强）。

---

① 因为原始交易量和交易数额都和规模高度相关，在 C&S 的研究中，二者相关程度分别达到 0.78 和 0.72，而换手率与规模的相关性仅为 0.15。因此我也选用换手率来度量交易量。

② 弗尔斯特和凯姆（Foerster & Keim，1998）对美国股票交易所的研究发现，股票连续两个交易日不交易的股票占总交易股票的 2.24%，而连续 5 个交易日不交易的股票数占总股票数的 0.42。但是根据我对样本的粗略估计我们上海股票交易所的交易股票连续两个交易日不交易应该超过 5%。

5.2.2　实证检验方法

检验不同股票组合领先滞后关系，经常用到向量自回归模型（VAR）。向量自回归模型通常用于相关时间序列系统的预测和随机扰动对变量系统的动态影响分析。该模型避开结构模型方法中需要对每一个内生变量关于所有内生变量滞后值函数的建模影响，其实际上是向量自回归移动平均模型（VARMA）的简化。

最一般的 VAR 模型的数学表达式为：

$$y_t = A_1 y_{t-1} + \cdots + A_p y_{t-p} + B_1 x_t + \cdots + B_r x_{t-r} + \varepsilon_t \qquad (5-1)$$

其矩阵表示形式为：

$$\begin{pmatrix} y_{1t} \\ y_{2t} \\ \vdots \\ y_{mt} \end{pmatrix} = A_1 \begin{pmatrix} y_{1t-1} \\ y_{2t-1} \\ \vdots \\ y_{mt-1} \end{pmatrix} + A_2 \begin{pmatrix} y_{1t-2} \\ y_{2t-2} \\ \vdots \\ y_{mt-2} \end{pmatrix} + \cdots A_p \begin{pmatrix} y_{1t-p} \\ y_{2t-p} \\ \vdots \\ y_{mt-p} \end{pmatrix} + B_1 \begin{pmatrix} x_{1t} \\ x_{2t} \\ \vdots \\ x_{dt} \end{pmatrix} + \cdots$$

$$+ B_r \begin{pmatrix} x_{1t-r} \\ x_{2t-r} \\ \vdots \\ x_{dt-r} \end{pmatrix} + \begin{pmatrix} \varepsilon_{1t} \\ \varepsilon_{2t} \\ \vdots \\ \varepsilon_{mt} \end{pmatrix} \qquad (5-2)$$

其中，y_t 是 m 维内生变量向量，x_t 是 d 维外生变量向量，A_1，A_2，⋯，A_p 和 B_1，B_2，⋯，B_r 是待估计的参数矩阵，p 和 r 分别表示内生变量和外生变量的滞后阶数。ε_t 是随机扰动项，其同时刻的元素可以相关，但是不可以与自身滞后值和模型右边的变量相关。由于仅仅内生变量的滞后值出现在等式右边，所以不出现同期性问题，并且 OLS 能得到一致估计。即使扰动向量 ε_t 有同期相关，但 OLS 仍然是有效的，因为所有的方程有相同的回归量，所以其与 GLS 是等价的①。

5.2.3 实证检验结果

5.2.3.1 基本统计特性

如果证券价格对信息的调整较慢，那么价格的增加（减少）便会跟随着价格的增加（减少），这使组合证券收益存在正自相关。另外，组合收益正自相关也是非交易（异步交易）问题的表现特征，但还不能完全确定非交易问题是组合收益自相关的唯一原因。若这种非交易问题是组合收益自相关的直接原因，那么对于相同数据而言，拉长样本区间会产生时间累积效应使相应组合的自相关系数会变小。通过计算日和周收益数据的基本统计特性表，初步认识领先滞后关系的规模和交易量效应是否独立，异步交易是否是收益自相关的一个原因。

表 5 -4 给出了如上计算的 9 个投资组合描述性统计量：

表 5 -4　　3×3 组合日收益的基本统计特性表

	均值	标准差	ρ_1	S_{10}
投资组合	%	%		
*P*11	0.000385	0.018	0.117	0.139
*P*12	0.000463	0.019	0.115	0.21
*P*13	0.00022	0.02	0.126	0.157
*P*21	0.0003	0.016	0.08	0.1

① 由于任何序列相关都可以通过增加更多的 y_t 滞后项而被调整（absorbed），所以扰动项序列不相关的假设并不严格。

续表

投资组合	均值 %	标准差 %	ρ_1	S_{10}
*P*22	0.00036	0.018	0.085	0.057
*P*23	0.00011	0.019	0.1	0.11
*P*31	0.00023	0.015	0.075	-0.023
*P*32	0.00024	0.016	0.058	0.01
*P*33	0.0002	0.018	0.043	0.037
等权平均	0.000742	0.0177	0.0888	0.0886

注：*P*11 表示最小规模、最小交易量换手率组合，*P*13 表示最小规模、最大交易量换手率组合；*P*31 表示最大规模、最小交易量换手率组合，*P*33 表示最大规模、最大交易量换手率组合。ρ_1 表示一阶自相关，S_{10}表示 10 阶自相关系数之和。

如果证券价格对信息的调整速度很慢，那么其证券收益会有正的自相关，正相关系数越大其调整速度越慢。若交易量对这种自相关有独立影响，那么即使在最大规模内，仍有交易量换手率高股票自相关小于交易量换手率低股票。相反，若交易量仅是公司规模的代理值，那么在最大规模分类内，低交易量组合收益应该领先于高交易量组合收益。表 5 -4 中的自相关证据表明，在各个规模组合内自相关系数随着交易量换手率的增加而递减，即使在最大规模组合内部，低交易量换手率组合收益一阶自相关为 0.075，而高交易量换手率组合收益的一阶自相关为 0.043，说明高交易量换手率组合内的股票价格对信息调整速度较快，交易量对组合交叉序列相关有独立影响。

从表 5 -4 中还可以看出，10 阶自相关系数的和为正，且 10 阶自相关系数正数的和大于负数的和，除了第二个规模组合，其余规模组合内自相关系数和随着交易量换手率的增加而递减，如在第一个规模组合 10 阶自相关系数和分别为 0.139、0.21、0.157，说明高交易量换手率组合的价格调整较快。

表 5 –4 给出每一个规模组合收益率的均值和标准差。在三个规模组合内部，收益的均值随着风险（方差）增加而增加。出现类似C&S 对美国股市研究的收益均值随着交易量换手率增加而递减情况，在第一个规模组合内，收益均值为 0. 000356，在第三个规模组合内，收益均值为 0. 000223。

表 5 –5 给出 3 ×3 组合周收益的基本统计特性：

表 5 –5　　3 ×3 组合周收益的基本统计特性

投资组合	均值 %	标准差 %	ρ_1	S_4
*P*11	0. 0017	0. 045	0. 09	–0. 06
*P*12	0. 0022	0. 048	0. 094	0. 018
*P*13	0. 0011	0. 051	0. 072	–0. 09
*P*21	0. 0014	0. 038	0. 085	0. 000
*P*22	0. 0016	0. 043	0. 056	–0. 077
*P*23	0. 00063	0. 048	0. 068	–0. 029
*P*31	0. 0013	0. 033	0. 044	–0. 027
*P*32	0. 0011	0. 038	0. 026	–0. 023
*P*33	0. 00089	0. 045	0. 032	–0. 057
等权平均	0. 0013	0. 0432	0. 063	–0. 0383

注：其中：*P*11 表示最小规模、最小交易量换手率组合，*P*13 表示最小规模、最大交易量换手率组合；*P*31 表示最大规模、最小交易量换手率组合，*P*33 表示最大规模、最大交易量换手率组合，以下同。ρ_1 表示一阶自相关，S_4 表示 4 阶自相关系数之和。

从表 5 –5 看出，周收益条件下，规模与交易量对自相关影响也是相互独立，即在最大公司规模组合内部，自相关系数仍然存在随着交易量换手率增加下降的情况，如在最大规模组合内部，低交易量换手率组合收益的一阶自相关为0.044，而高交易量换手率组合收益的一阶自相关为0.032，说明高交易量换手率的公司股票价格调整速度很快，周收益数据印证中国股市存在与规模独立、交易量相关的领先滞后关系。把表5-4和表5-5对比看，周收益数据比日收益数据的一阶自相关系数有下降倾向。在二者的最大规模公司组合内部，日收益数据的1~3阶自相关分别为0.075、0.058、0.043，周收益数据的1~3阶自相关分别为0.044、0.026、0.032，在其他两个规模组合内的情况类似。根据时间累积效应理论，如果抽样的时间间隔越长，那么由无交易现象引起的异步交易而导致自相关系数就会更小。如果异步交易对这种自相关产生实质性影响，那么拉长数据区间在一定程度上可以削弱（消除）异步交易（非同期交易）的影响，从而周收益的自相关系数下降。但是从周收益数据来看，在给定方差下，平均收益率变化不大，这一点说明以周三收盘价为基础的周收益比较稳定。

5.2.3.2　交易量相关的领先滞后关系检验

尽管自相关数据能提供一些高交易量换手率股票对信息调整较快的证据，但是还不能完全依赖自相关证据[①]。在规模相关领先滞后关系的研究表明领先滞后关系是一种非对称的交叉序列相关。本部分同样分析在控制规模条件下，高交易量换手率组合收益是否领先于低交易量换手率组合的收益，即高交易量换手率组合的滞后收益与低交易量换手率组合的当期收益间是正的交叉序列相关。组合日收益和周收益的检验结果见表5-6。

① 若在前面讨论的规模相关的领先滞后关系中，我们把Granger因果检验与基本统计特性表和方差协方差表相结合来判断。

表 5-6 日收益和周收益的滞后相关性

	$r_{11,t}$	$r_{13,t}$	$r_{21,t}$	$r_{23,t}$	$r_{31,t}$	$r_{33,t}$
			日收益			
$r_{11,t-1}$	0.117	0.109	0.072	0.1	0.069	0.116
$r_{13,t-1}$	0.128	0.126	0.065	0.1	0.062	0.114
$r_{21,t-1}$	0.114	0.126	0.08	0.065	0.087	0.124
$r_{23,t-1}$	0.105	0.124	0.11	0.1	0.063	0.114
$r_{31,t-1}$	0.105	0.116	0.08	0.1	0.075	0.031
$r_{33,t-1}$	0.103	0.122	0.07	0.104	0.077	0.043
			周收益			
$r_{11,t-1}$	0.09	0.08	0.052	0.073	-0.0043	0.0165
$r_{13,t-1}$	0.08	0.072	0.039	0.07	-0.0186	0.011
$r_{21,t-1}$	0.127	0.11	0.085	0.11	0.021	0.05
$r_{23,t-1}$	0.08	0.067	0.038	0.068	-0.0173	0.014
$r_{31,t-1}$	0.15	0.134	0.11	0.133	0.044	0.077
$r_{33,t-1}$	0.099	0.087	0.055	0.089	-0.0092	0.032

注：其中：$r_{11,t}$表示最小规模内最小交易量换手率组合的收益，$r_{13,t}$最小规模内最大交易量换手率组合的收益；$r_{31,t}$表示最大规模内最小交易量换手率组合的收益，$r_{33,t}$最大规模内最大交易量换手率组合的收益。

从表 5-6 来看，中国股市的非对称交叉序列相关结构比较明显，交叉序列相关系数小于美国和其他股市。日收益数据看，在三个规模组合内部均存在滞后高交易量换手率组合收益与当期低交易量换手率组合收益间的交叉相关系数大于滞后低交易量换手率组合收益与当期高交易量换手率组合收益的交叉相关系数，例如在第一个规模组合内，$\mathrm{Cov}(r_{13.t-1}, r_{11,t}) = 0.128$，$\mathrm{Cov}(r_{11.t-1}, r_{13,t}) = 0.109$，第二个规模组合内 $\mathrm{Cov}(r_{23.t-1}, r_{21,t}) = 0.11$，$\mathrm{Cov}(r_{23.t}, r_{21,t-1}) = 0.065$。周收益数据来看，各个规模组合内部，并不存在滞后高交易量换手率组合收益与当期低交易量换手率组合收益间的交叉相关系数大于滞后低交易量换手率组合收益与当期高交易量换手率组合收益间的交叉相关系数，例如 $Cov(r_{13.t-1}, r_{11,t}) = 0.08$，$Cov(r_{11.t-1}, r_{13,t}) = 0.08$；$Cov(r_{23.t-1}, r_{21,t}) = 0.038$，$Cov(r_{23.t}, r_{21,t-1}) = 0.11$。但是却存在跨规模间的滞后高交易量换手率组合收益与当期低交易量换手率组合收益的交叉相关系数大于滞后低交易量换手率组合收益与当期高交易量换手率组合收益间的交叉相关系数。例如 $Cov(r_{33.t-1}, r_{21,t}) = 0.055$，$Cov(r_{33.t}, r_{21,t-1}) = 0.05$，$Cov(r_{31.t-1}, r_{13,t}) = 0.087$，$Cov(r_{31.t}, r_{13,t-1}) = 0.062$。另外，我国股市的周数据交叉序列相关系数明显小于日数据的非对称交叉序列相关系数。综上所述，我国股市的日交易量组合数据明显支持交易量为基础的领先滞后关系，而周数据支持跨规模间的领先滞后关系。究竟为什么会有这样的结论还有待于进一步探究。但是从日收益数据观察到的领先滞后模式表明非同期交易并不是领先滞后模式的唯一根源。

尽管上面的结论发现日收益数据已经体现出存在交易量相关的领先滞后关系，但是还不能确定领先滞后关系是由于自相关引起的还是由于交叉序列相关引起的？如果是由于交叉序列相关引起的，那么双方的预测强度如何？（上面的统计表体现出了滞后一阶的预测情况，但是没有体现出滞后高阶的整体预测情况）。

按照布莱南（1993）的方法，以及 C&S 考虑向量自回归（VARs），AR 检验想要解决如下两个问题：（a）是否交叉序列相关与自相关是信息独立的？（b）高交易量股票预测低交易量股票收益的能力强于低交易量股票预测高交易量股票收益？

若想检验是否组合 B 的收益领先于组合 A 的收益，通过如下双向自回归检验来研究两个组合收益间的领先滞后效应：

$$r_{A,t} = a_0 + \sum_{k=1}^{K} a_k r_{A,t-k} + \sum_{k=1}^{K} b_k r_{B,t-k} + u_t \tag{5-3}$$

$$r_{B,t} = c_0 + \sum_{k=1}^{K} c_k r_{A,t-k} + \sum_{k=1}^{K} d_k r_{B,t-k} + u_t \qquad (5-4)$$

在回归（5－3）中，若在控制组合A滞后收益预测力的条件下，组合B的滞后收益能预测组合A的当期收益，那么说组合B的收益是组合A的收益的格兰杰原因。在如下的分析中，用一个修正的格兰杰因果检验来研究是否方程（5－3）中的收益B对应的系数的和大于0。格兰杰因果检验可用来决定交叉序列相关是否独立于组合自相关。

下一步，我们真正感兴趣的问题在于是否B的滞后收益预测组合A的当期收益能力大于组合A的滞后收益预测组合B的当期收益。通过研究是否方程（5－3）的系数和 $\sum_{k=1}^{k} b_k$ 大于方程（5－4）的系数和 $\sum_{k=1}^{k} c_k$ 来检验我们的假说，同时也检验为什么周收益数据没有表现出规模内的高交易量投资组合收益和低交易量投资组合收益间的非对称预测性？该检验的关键是建立组合B的收益领先于组合A的收益，而且是高交易量股票和低交易量股票交叉序列相关非对称性的正式检验。

从表5－7的日数据看，在第一和第三个规模组合内，控制低交易量组合收益自相关条件下，高交易量换手率组合收益对低交易量换手率组合收益存在显著一阶预测性，两个系数分别为0.056，0.14，说明交叉序列相关领先滞后关系与自相关是相互独立的。

表5－7　　不同规模组合内的向量自回归

日收益（2 431）						
因变量	$L1$	低	$H1$	高	$\bar{R}^2$	$Z(A)$
r_{11}	0.177**	0.355	0.056**	0.19	0.018	3.89***
r_{13}	0.104	0.32	0.034	－0.13	0.019	

续表

日收益（2 431）						
因变量	$L1$	低	$H1$	高	$\bar{R}^2$	$Z(A)$
r_{21}	0.16**	0.499	−0.075	0.35**	0.017	4.21***
r_{23}	0.0106	0.234**	0.012	−0.23	0.016	
r_{31}	0.08	0.19	0.14**	0.225**	0.01	2.98**
r_{33}	0.04	0.135**	0.11*	−0.084	0.01	
联合检验：$W^u_{A,3}=W^C_{A,3}=53.76^*$						

周收益（505）				
因变量	$L1$	$H1$	$\bar{R}^2$	$Z(A)$
r_{11}	0.177*	−0.077	0.008	1.34
r_{13}	0.178*	−0.08	0.006	
r_{21}	0.51***	−0.36**	0.007	2.17**
r_{23}	0.57***	−0.37**	0.02	
r_{31}	0.4***	−0.28**	0.021	1.97**
r_{33}	0.48***	−0.3**	0.018	
联合检验：$W^u_{A,3}=W^C_{A,3}=48.35^*$				

注：在面板 A 内，r_{11}表示最小规模组合内的最小交易量换手率组合收益，r_{13}表示最小规模组合内的最大交易量换手率组合收益，其他类推。同样在面板 B 内，r_{11}表示最小规模组合内的最小交易量换手率组合收益，r_{13}表示最小规模组合内的最交易量换手率组合收益低，其他类推。低，代表 $\sum_{k=1}^{K}a_k$ 或 $\sum_{k=1}^{K}c_k$，高，代表 $\sum_{k=1}^{K}b_k$ 或 $\sum_{k=1}^{K}d_k$，对于日数据 $K=4$，对于周数据 $K=1$，$L1$，代表 a_1 或 c_1，$H1$ 代表 b_1 或 d_1。

在第一个规模组合内，低交易量换手率组合收益与高交易量换手率组合收益之间不存在双向领先滞后关系。在第二和第三个规模组合内部，低交易量换手率组合收益与高交易量换手率组合收益之间存在双向领先滞后关系。从预测能力看，高交易量换手率组合收益比低交易量换手率组合收益的预测能力强，第二个规模组合内，

$\sum_{k=1}^{5} b_k = 0.35 > \sum_{k=1}^{5} c_k = 0.234$；第三个规模组合内，$\sum_{k=1}^{5} b_k = 0.225 > \sum_{k=1}^{5} c_k = 0.135$，统计上是显著的。

从表5-7的周收益数据结果看，在第一个规模组合内部，低交易量换手率组合的一阶自相关是显著的，且为正值，0.177，但是滞后高交易量换手率组合收益的系数显著为负，-0.077，不显著。在第二和第三个规模组合内部，高交易量换手率组合收益对低交易量换手率组合收益有显著的反向预测作用，分别为-0.36和-0.28。说明在控制自身相关后，领先滞后关系是显著的。在第二和第三个规模组合内部，低交易量换手率组合收益对高交易量投资组合收益也有显著预测作用，分别为0.57和0.48。该值大于高交易量换手率组合收益对低交易量换手率组合收益的显著的预测值。总之，从周收益数据来看，只能说明自相关和交叉序列相关独立，但是却表现出独特的预测作用：低交易量换手率组合收益对高交易量投资组合收益有显著正向预测作用，高易量换手率组合收益对低交易量投资组合收益有显著反向预测作用。这就说明存在一些原因干扰这种非对称的领先滞后关系，但是还不能说周收益数据下规模效应是交易量效应的简单替代。

5.3 交易量相关领先滞后关系的进一步探究

在5.2节中，用VAR检验分析规模相关调整速度的差别，且在每个规模内部估计VAR。发现在控制规模条件下，不同交易量换手率股票组合日收益数据间的领先滞后关系，还不能确定这种领先滞后关系是由于对市场普通信息不同反应速度引起的？还是由于其他因素引起的？迪默森贝塔回归可以解决这一问题。为了很好理解该回归，我们考虑如下的零净投资组合 N：买入投资组合 B 的同时卖出投资组合 A。可以通过把组合 N 对市场指数组合收益进行回归，来考虑组合 B 和组合 A 收益间的领先滞后作用：

$$r_{N,t} = \alpha + \sum_{k=-K}^{K} \beta_{N,k} r_{m,t-k} + u_t \tag{5-5}$$

其中：$\beta_{N,k} = \beta_{B,k} - \beta_{A,k}$，只要组合 B 的同期贝塔，$\beta_{B,0}$大于组合 A 的同期贝塔，$\beta_{A,0}$；且组合 B 的滞后贝塔的和 $\sum_{k=1}^{K} \beta_{B,k}$ 小于组合 A 的滞后贝塔的和 $\sum_{k=1}^{K} \beta_{A,k}$，那么就说组合 B 对市场范围的信息反映要快于组合 A 的反应，即组合 A 的价格调整存在延迟。这就表现为上面模型中的：$\beta_{N,0} > 0$、$\sum_{k=1}^{K} \beta_{N,k} < 0$。实际上这是不难理解的，如果组合 B 对市场范围的信息反应快于组合 A，则组合 B 会有较高的同期贝塔。同时由于组合 A 对市场范围信息调整较慢，那么组合 A 的滞后贝塔和应该大于组合 B 的①。结果见表 5 - 8。

表 5 - 8　　　　日收益数据下的迪默森贝塔回归结果

面板 A 日收益（2 431）					
规模	因变量	$\sum_{k=-1}^{-4} \beta_{N,k}$	$\beta_{N,0}$	$\sum_{k=1}^{4} \beta_{N,k}$	$\bar{R}^2$
1	$r_{23} - r_{21}$	0.015	0.043 **	-0.062 *	0.067
2	$r_{23} - r_{21}$	0.053	0.012 *	-0.022 *	0.023
3	$r_{33} - r_{31}$	0.028	0.009 **	-0.079 *	0.012

① 这实际上是把对市场范围信息的调整速度当作同期贝塔和滞后贝塔的函数。

续表

联合检验：$W_3^u = W_3^C = 287.5^*$					
规模	因变量	$\sum_{k=-1}^{-2}\beta_{N,k}$	$\beta_{N,0}$	$\sum_{k=1}^{2}\beta_{N,k}$	$\bar{R}^2$
1	$r_{13}-r_{11}$	0.023	0.067	0.009*	0.09
2	$r_{23}-r_{21}$	-0.034	0.021*	-0.054*	0.032
3	$r_{33}-r_{31}$	0.321*	0.065**	-0.214*	0.051
联合检验：$W_3^u = W_3^C = 196.7^*$					

注：$\sum_{k=1}^{K}\beta_{N,k}$ 为滞后贝塔的和，$\beta_{N,0}$ 为同期贝塔，$\sum_{k=-1}^{-K}\beta_{N,k}$ 为领先贝塔的和。W_m^U 是沃尔德检验统计量，对应联合原假设为 $\sum_{k=1}^{K}\beta_{N,k}=0$，其备择假设为双边的。$W_m^C$ 是沃尔德检验统计量，对应联合原假设为 $\sum_{k=1}^{K}\beta_{N,k}=0$，其备择假设为单边的，即 $\sum_{k=1}^{K}\beta_{N,k}\leqslant 0$。

若我们希望高交易量换手率的收益对市场范围的信息反应快于低交易量换手率组合的收益，那么其对当期市场信息的敏感应该大于低交易量组合。低交易量换手率组合收益对同期市场信息反应较慢，零投资组合的同期贝塔应该为正，且其滞后贝塔和应该为负。

对于日收益数据而言（表5-8 的面板 A），在每个规模组合内，零投资组合的同期贝塔 $\beta_{N,0}$，为正，且分别在5%和10%统计水平下显著。滞后贝塔和 $\sum_{k=1}^{4}\beta_{N,k}$，显著为负，沃尔德检验统计量拒绝滞后贝塔的和为零的原假设。说明在每个规模组合内低交易量换手率组合价格对市场范围信息调整明显慢于高交易量换手率组合。领先贝塔和不显著，高交易量换手率组合收益并没有领先于市场指数组合收益。

对于周收益数据而言（表5-8 面板 B），仅在第二个和第三个规模组合内零投资组合的同期贝塔显著为正，说明高交易量换手率组合价格对当期市场信息反应快于低交易量换手率组合。第一个规模组合内的滞后贝塔的和为正，第二和第三个规模组合内的滞后贝塔的和为负，说明高交易量换手率组合价格对市场范围信息的滞后调整在一定程度上快于低交易量换手率组合，这在一定程度上印证为什么表 5－7 的周收益数据下的部分结论：在第二和第三个规模组合内，高交易量换手率组合收益对低交易量投资组合收益有显著的反向预测作用。（大公司股票的价格开始下跌了，小公司股票价格才上涨，这体现了轮动作用）。

5.4 本章小结

通过从上海和深圳股票市场选取 639 只股票，分别构建日收益、周收益的 3×3 的规模交易量组合（SV 组合），按照布莱南等（1993）以及 C&S（2000）的思路做相应调整[①]，研究我国股市交易量相关的领先滞后效应，以及交易量与规模效应的独立性，并顺便研究非同期交易（异步交易）对领先滞后关系的影响。研究发现规模和交易量对领先滞后模式的影响是独立的，我国股市存在交易量相关的领先滞后关系。

根据基本统计特性表（表 5－4、表 5－5）看，对于日收益数据而言，除了第二个规模组合，其余规模组合内自相关系数和随着交易量换手率增加而递减；对于周收益数据而言，在最大公司规模组合内部，自相关系数仍然存在随着交易量换手率增加下降的情况，随着交易量换手率的增加价格调整速度加快。从这一点来看，

① C&S（2000）的研究是先分组后剔除那些缺乏交易数据的股票，而且他的样本股票公司较多分为了 4×4 组合，而我的研究是先剔除缺乏交易数据的股票而后分组，且分为了 3×3 组合。

高交易量换手率组合的收益会领先于低交易量换手率组合的收益。交易量和规模对交叉序列领先滞后关系应有独立影响。

利用 VAR 模型分析控制自相关条件下，分析领先滞后关系与自相关的独立性。结果表明，在日收益数据条件下，在第一和第三个规模组合内，控制低交易量组合收益自相关条件下，高交易量换手率组合收益对低交易量换手率组合收益存在显著一阶预测性，说明交叉序列相关领先滞后关系与自相关是相互独立的。同时发现在第二和第三个规模组合内部，低交易量换手率组合收益与高交易量换手率组合收益之间存在双向领先滞后关系。从预测能力看，高交易量换手率组合收益比低交易量换手率组合收益的预测能力强。在周收益数据条件下，第二和第三个规模组合内部，高交易量换手率组合收益对低交易量换手率组合收益有显著的反向预测作用，说明在控制自身相关后，领先滞后关系是显著的。低交易量换手率组合收益对高交易量投资组合收益也有显著预测作用。

第 6 章　行业与规模相关领先滞后关系

本章目的是检验我国股市规模相关领先滞后关系是否跟行业的联系有关①，即探究是否行业间（上游、下游行业，比如钢铁和汽车行业、房地产行业）关系是这种规模相关领先滞后关系或协整关系的一个原因。因为下游行业的产业政策（如汽车产业的振兴计划）势必带动上游行业钢铁的需求与消费；同时由于铁矿石等原材料的价格下降，钢铁产品的价格下降，这样房地产行业的成本会相应下降，扩大房地产行业的利润空间，为了检查行业之间、行业内部是否存在这种规模相关领先滞后关系，从我国上海和深圳股票市场选择钢铁和房地产行业大公司股票与小公司股票进行研究。

6.1　数据及其处理

本章从第 4 章筛选的我国上海和深圳股票市场的 746 家股票中，选择 2011 年以前上市的钢铁行业股票以及房地产行业股票，其中钢

① 在芬兰股市的研究中曾经提到了行业等因素在信息领先中的作用，但是作者没有深入论述。

铁行业股票16家，房地产行业股票26家。

钢铁行业股票16家如下：宝钢股份（600019）、鞍钢股份（000898）、马钢股份（600808）、凌钢股份（600231）、安阳钢铁（600569）、南钢股份（600282）、本钢板材（000761）、贵绳股份（600992）、西宁特钢（600117）、酒钢宏兴（600307）、方大特钢（600507）、东南网架（002135）、杭萧钢构（600477）、杭钢股份（600126）、精工钢构（600496）、久立特材（002318）。

房地产行业股票26家如下：张江高科（600895）、荣盛发展（002146）、阳光城（000671）、华发股份（600325）、新湖中宝（600208）、外高桥（600648）、上实发展（600748）、南京高科（600064）、保利发展（600048）、顺发恒业（000631）、华远地产（600743）、市北高新（600604）、滨江集团（002244）、福星股份（000926）、沙河股份（000014）、格力地产（600185）、北辰实业（601588）、天地源（600665）、深物业A（000011）、京投发展（600683）、亚通股份（600692）、电子城（600658）、中国武夷（000797）、世荣兆业（002016）、光明地产（600708）、大龙地产（600159）。

钢铁和房地产行业股票大公司和小公司股票组合构建方法，以及四个市场阶段的划分同第四章，这里不再赘述。所分别构建钢铁和房地产行业大公司和小公司股票组合价格指数见图6-1和图6-2。

通过分析图6-1和图6-2发现，钢铁和房地产行业的大公司股票组合价格指数基本都在小公司股票组合价格指数的上部。这一趋势在2015年整体牛市表现得更加清楚。房地产行业大公司和小公司股票组合的价格指数波动协动性明显好于钢铁行业。

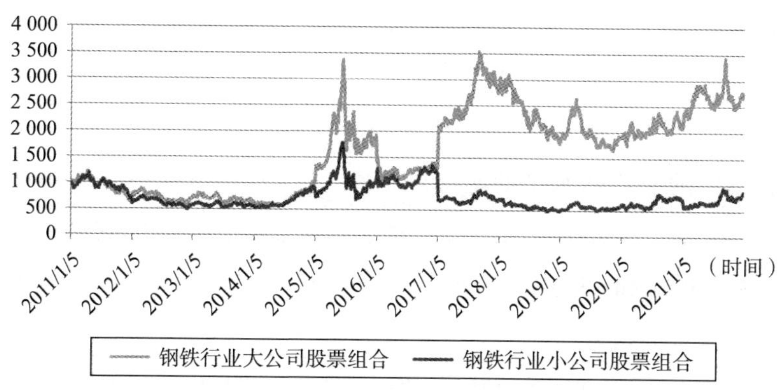

图6-1　钢铁行业的大公司股票和小公司股票组合

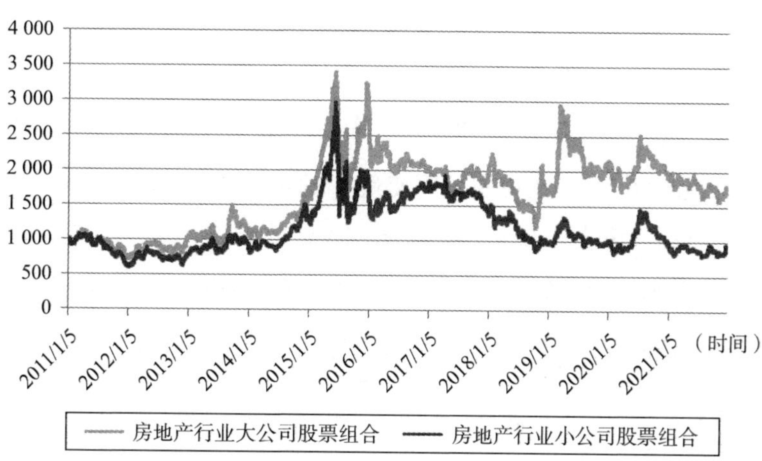

图6-2　房地产行业大公司股票和小公司股票组合价格指数

6.2　实证检验方法

本部分的实证检验方法包括单位根检验、协整检验、Granger因果检验以及误差修正模型。因为前面的几种检验方法都在上一章作了简要介绍，本部分就介绍一下误差修正模型（ECM）。恩格尔和格兰杰（Engle & Granger，1987）发现一旦变量 y_t 和 x_t 之间存在协整关系，那么一定存在一个对应的误差修正表示。这反过来意味着因变量的变化是其他解释变量变化函数的同时，也是协整关系中的非均衡水平的函数。

由于现实经济中 x 和 y 很少处于均衡点上，在实际观测的时候只是看到的 x 和 y 间的短期或非均衡关系，假如二者之间具有如下的分布滞后形式：

$$y_t = \beta_0 + \beta_1 x_t + \beta_2 x_{t-1} + \beta_3 y_{t-1} + \varepsilon_t \quad (6-1)$$

移项后，整理可得：

$$\nabla y_t = \beta_0 + \beta_1 \nabla x_t + (\beta_2 - 1)\left(y - \frac{\beta_1 + \beta_3}{1 - \beta_2} x\right)_{t-1} + \varepsilon_t \quad (6-2)$$

方程（6－2）即为 ECM，其中 $y - \frac{\beta_1 + \beta_3}{1 - \beta_2} x$ 是误差修正项，记为 ecm。方程（6－2）还说明了因变量 y_t 的短期波动 ∇y_t 是如何被决定的。一方面它来自自变量的短期波动 ∇x_t 的影响；另一方面取决于 ecm。如果 y_t 和 x_t 之间存在长期均衡关系，即有：$\bar{y} = a\bar{x}$，则方程（6－2）中的 ecm 可以改为 $\bar{y} = \frac{\beta_1 + \beta_3}{1 - \beta_2} \bar{x}$，可见 ecm 反映了变量在短期波动中偏离他们长期均衡的程度，称为均衡误差。则模型（6－2）可以简记为：

$$\nabla y_t = \beta_0 + \beta_1 \nabla x_t + \lambda ecm_{t-1} + \varepsilon_t \quad (6-3)$$

一般地，方程（6－1）中 $|\beta_2| < 1$，则 $\lambda = \beta_2 - 1 < 0$，因此，当 $y_{t-1} > \frac{\beta_1 + \beta_3}{1 - \beta_2} x_{t-1}$，则 ecm_{t-1} 为正，λecm_{t-1} 为负，使 ∇y_t 减少，反之亦然。这体现均衡误差对 y_t 的控制。

6.3　钢铁和房地产不同规模组合收益的基本统计

6.3.1　钢铁行业不同规模组合收益的基本统计

分析表 6－1 的钢铁行业大公司和小公司股票组合收益在不同市场阶段的基本统计特性，发现在完全阶段，钢铁大公司股票组合收益均值为正，小公司股票组合收益的均值为负，钢铁大公司股票组合收益的一阶和二阶自相关显著，钢铁小公司股票组合收益的一阶和二阶自相关显著，说明钢铁行业的股票价格在 2011 ~ 2021 年区间段表现为明显的价格调整延迟。

表 6－1　　钢铁行业不同规模组合收益的基本统计特性概要

阶段	均值 标准差	偏度 峰度	1	2	3	4	5
完全阶段							
L	0.000384 0.024	2 65.15	0.039 ** (4.09)	－0.018 ** (4.92)	0.002 (4.93)	0.028 (6.98)	0.001 (6.98)
S	－0.000042 0.025	－5.11 10.477	0.047 ** (5.96)	－0.009 ** (6.16)	－0.001 (6.16)	0.024 *** (7.64)	－0.015 (8.28)
牛市阶段（一）							
L	0.007 0.026	2.63 29.5	0.076 (1.35)	－0.012 (1.39)	－0.059 (2.23)	－0.02 (2.33)	－0.061 (3.26)

续表

阶段	均值 标准差	偏度 峰度	1	2	3	4	5
牛市阶段（一）							
S	0.005 0.025	-3.09 30.04	0.018 (0.075)	-0.059 (0.92)	-0.009 (0.94)	0.067 (2.04)	-0.025 (2.2)
牛市阶段（二）							
L	0.000574 0.019	0.134 6.99	-0.044 (0.22)	0.042 (0.45)	0.015 (0.45)	-0.01 (0.48)	0.016 (0.96)
S	0.00765 0.021	-1.576 17.97	0.002 (0.002)	-0.04 (1.168)	-0.033 (1.978)	0.004 (1.99)	0.011 (2.08)
熊市阶段（一）							
L	-0.000614 0.016	0.31 8.18	0.047 (1.88)	0.001 (1.88)	-0.03 (2.16)	-0.006 (2.64)	0.056 (5.26)
S	-0.00088 0.018	-0.67 6.54	0.063* (3.92)	-0.026 (3.9)	-0.056* (6.53)	-0.036 (7.61)	-0.009 (7.67)
熊市阶段（二）							
L	-0.000734 0.0032	2.14 58.38	0.042 (1.54)	-0.053 (3.98)	0.005 (4)	0.048 (6.05)	-0.01 (6.14)
S	-0.00146 0.032	-6.41 109.73	0.056 (2.72)	0.009 (2.78)	0.024 (3.26)	0.032 (4.14)	-0.031 (4.98)

注：括号内的数字为 Ljung - Box 统计量。

在牛市阶段，2014~2015 年的整体牛市阶段看（牛市阶段一），钢铁行业大公司股票和小公司股票的组合收益均值为正，且钢铁大公司股票组合收益大于小公司股票组合收益，而且钢铁大公司股票和小公司股票组合收益的各阶自相关不显著，说明不存在价格调整延迟。2019～2021 年的结构性牛市看（牛市阶段二），钢铁行业大公司股票和小公司股票的组合收益均值为正，且钢铁大公司股票组合收益小于小公司股票组合收益，同样，钢铁大公司股票和小公司股票组合收益的各阶自相关不显著，说明不存在价格调整延迟。

在熊市阶段。熊市阶段一，钢铁行业大公司股票和小公司股票的组合收益均值为负，且钢铁大公司股票组合收益大于大公司股票组合收益，钢铁大公司股票组合收益各阶自相关不显著，钢铁小公司股票组合收益的一阶和二阶自相关显著，说明钢铁小公司股票价格调整有延迟。熊市阶段二，钢铁行业大公司股票和小公司股票的组合收益均值为负，且钢铁大公司股票组合收益大于大公司股票组合收益，钢铁大公司股票组合收益和小公司股票组合收益的一阶和二阶自相关显著，说明在熊市阶段二钢铁大公司和小公司股票价格调整没有延迟。

6.3.2　房地产行业不同规模组合收益的基本统计

分析表 6－2 的房地产行业大公司和小公司股票组合收益在不同市场阶段的基本统计特性。在完全阶段，房地产大公司股票组合收益均值为正，房地产小公司股票组合收益的均值为负，房地产大公司和小公司股票组合收益的存在显著的 1～5 阶自相关，而且 1 阶自相关为正，大公司股票组合收益 2 阶自相关为负，说明房地产行业的股票价格在 2011～2021 年区间段表现为明显价格调整延迟，表现出一定的惯性和反转特征。

表 6 - 2 房地产行业不同规模组合收益的基本统计

阶段	均值 标准差	偏度 峰度	1	2	3	4	5
完全阶段							
L	0.0002 0.02	-0.54 6.45	0.08*** (17.22)	-0.007*** (17.35)	0.037*** (21.03)	0.053*** (28.53)	0.002** (28.54)
S	-0.000044 0.024	-0.79 7.06	0.096*** (24.59)	0.005*** (24.67)	0.017*** (25.44)	0.031*** (28)	-0.008*** (28.18)
牛市阶段（一）							
L	0.0047 0.02	0.83 5.8	0.031 (0.23)	-0.048 (0.8)	-0.039 (1.18)	-0.08 (2.74)	-0.113 (5.88)
S	0.0052 0.019	-0.75 5.43	0.1 (2.47)	-0.067 (3.58)	-0.064 (4.58)	0.005 (4.59)	0.012 (4.62)
牛市阶段（二）							
L	0.000027 0.0186	-0.02 6.47	0.046 (1.58)	0.045 (3.07)	-0.034 (3.94)	-0.011 (4.03)	0.036 (5)
S	-0.0001 0.017	-0.47 6.93	0.1*** (7.34)	0.035** (8.22)	0.011** (8.31)	-0.02* (8.59)	-0.053* (10.64)
熊市阶段（一）							
L	0.000097 0.018	-0.043 4.3	0.048 (1.93)	-0.05* (4.95)	0.01 (5.04)	-0.011 (5.14)	-0.029 (5.86)
S	-0.000198 0.0187	-0.45 3.97	0.041 (1.43)	-0.037 (2.58)	0.016 (2.81)	0.02 (3.13)	-0.001 (3.13)

续表

阶段	均值 标准差	偏度 峰度	1	2	3	4	5
熊市阶段（二）							
L	0.00048 0.018	-0.35 5.85	0.114 *** (11.4)	-0.005 *** (11.42)	-0.091 *** (18.68)	0.134 *** (34.44)	0.015 *** (34.63)
S	-0.00125 0.0263	-0.89 6.66	0.109 *** (10.36)	0.019 *** (10.69)	0.023 ** (11.14)	0.045 ** (12.9)	-0.003 ** (12.92)

注：括号内的数字为 Ljung - Box 统计量。

在牛市阶段，牛市阶段一，房地产行业大公司和小公司股票的组合收益均值为正，而且房地产行业大公司股票组合收益小于该行业小公司股票组合收益。在这一阶段，大公司股票和小公司股票组合收益的自相关不显著，说明该阶段房地产行业大公司股票和小公司股票的价格对信息的反应比较迅速，不存在价格调整延迟。在牛市阶段二，房地产行业大公司股票组合收益为正，小公司股票组合收益为负。大公司股票组合收益的自相关不显著，小公司股票组合收益存在一至五阶的显著自相关，说明小公司房地产行业股票价格对信息调整存在延迟。

在熊市阶段，熊市阶段一，房地产行业大公司股票组合收益为正，小公司股票的组合收益均值为负，且房地产行业大公司和小公司股票组合收益的一至五阶自相关都不显著。说明这一阶段房地产行业公司股票价格调整没有延迟和惯性。熊市阶段二，房地产行业大公司股票组合收益为正，小公司股票的组合收益均值为负。而且二者的一至五阶自相关都是显著的，说明价格调整存在一定的延迟。

6.4 钢铁和房地产行业不同规模组合收益领先滞后关系

6.4.1 钢铁行业不同规模组合收益平稳性和线性格兰杰因果检验

单位根检验目的是研究给定序列是稳定还是非稳定的，这里利用 ADF 和 PP 检验方法分析钢铁行业不同规模股票组合价格以及收益序列的稳定性问题，检验结果如表 6－3 所示：

从表 6－3 看出钢铁行业大公司股票组合价格是有截距的单位根情况，小公司股票组合价格在熊市阶段二是平稳的。所有阶段股票组合收益都为稳定序列，说明大公司股票组合与小公司股票组合价格序列都是 I（1）的，即一阶整的。由于大公司股票组合收益和小公司股票组合收益都是稳定的，因此下面利用格兰杰因果检验判断大公司股票和小公司股票组合收益序列间的领先滞后关系。

分析表 6－4 发现，在完全阶段存在滞后 1 阶和 2 阶的钢铁行业小公司股票收益到大公司股票收益方向的格兰杰原因，说明在完全能阶段钢铁行业小公司股票组合收益领先于大公司股票组合收益。在牛市阶段一，存在滞后 2～6 阶的钢铁小公司股票组合收益到大公司股票组合收益方向的领先关系。在牛市阶段二，不存在钢铁行业大公司股票与小公司股票间的领先滞后关系。在熊市阶段一，存在滞后 4 阶和 5 阶的钢铁小公司股票组合收益到大公司股票组合收益间的领先关系，在滞后 5 阶和 6 阶存在钢铁大公司股票组合收益到小公司股票组合收益间的领先关系。在熊市阶段二，不存在钢铁行业大公司股票与小公司股票间的领先滞后关系。

表 6－3　钢铁行业不同规模组合价格和收益的单位根检验

	完全阶段		牛市阶段一		牛市阶段二		熊市阶段一		熊市阶段二	
	ADF	*PP*	*ADF*	*PP*	*ADF*	*PP*	*ADF*	*PP*	*ADF*	*PP*
价格										
L	－1.28	－1.38	3.56	3.51	－1.56	－1.58	－1.39	－1.42	－2.11	－2.12
S	－3.11	－3.12	2.62	2.83	－1.69	－1.7	－1.54	－1.55	－4.8***	－4.84**
收益										
L	－49.59***	－49.63***	－12.26***	－12.24***	－28.75***	－28.7***	－27.8***	－27.8***	－27.87***	－27.86***
S	－48.15***	－48.34***	－14.23***	－14.22***	－26.8***	－26.81***	－27.57***	－27.54***	－27.4***	－27.43***

表 6-4　钢铁行业大公司与小公司股票组合收益间的线性 Granger 因果检验

滞后期	完全阶段		牛市阶段一		牛市阶段二		熊市阶段一		熊市阶段二	
	$L \to S$	$S \to L$	$L \to S$	$S \to L$	$L \to S$	$S \to L$	$L \to S$	$S \to L$	$L \to S$	$S \to L$
1	0. 24	2. 74*	0. 006	1. 77	1. 96	0. 245	1. 64	2. 78	1. 13	0. 54
2	0. 2	2. 44*	0. 44	4. 49**	1. 1	0. 147	1. 73	1. 3	1. 11	0. 357
3	0. 84	1. 18	0. 61	3. 03**	0. 68	0. 24	1. 51	1. 37	1. 76	0. 27
4	0. 82	1. 16	0. 61	3. 34**	0. 53	0. 28	1. 91	2. 12*	1. 28	0. 39
5	0. 96	1. 2	0. 84	2. 88**	0. 81	0. 81	2. 42**	2*	1. 47	1. 46
6	1. 57	1	0. 75	3. 03***	0. 88	0. 74	2. 09*	1. 76	1. 48	1. 19

注：表中给出的是格兰杰因果检验的 F 统计量。

6.4.2　房地产行业不同规模组合收益平稳性和线性格兰杰因果检验

本节同样利用单位根检验的ADF和PP检验方法分析房地产行业不同规模股票组合价格以及收益序列的稳定性问题，检验结果见表6-5：

从表6-5看出房地产行业大公司和小公司股票组合价格是有截距的单位根。所有阶段股票组合收益都为稳定序列，房地产大公司与小公司股票组合价格序列都是I（1）的，即一阶整的。由于房地产行业大公司和小公司股票组合收益都是稳定的，利用格兰杰因果检验判断房地产行业大公司和小公司股票组合收益序列间的领先滞后关系。

分析表6-6发现，在完全阶段存在滞后5阶的房地产行业小公司股票收益到大公司股票收益方向的格兰杰原因，表明完全能阶段房地产行业小公司股票组合收益领先于大公司股票组合收益。在牛市阶段一和牛市阶段二，房地产行业大公司和小公司股票组合收益间不存在格兰杰因果关系，也即不存在领先滞后关系。在熊市阶段一，房地产行业小公司股票组合收益在滞后5阶是大公司股票组合收益的格兰杰原因，存在领先关系。在熊市阶段二，房地产行业大公司股票收益在滞后3阶、4阶和6阶对房地产行业小公司股票组合收益领先关系，在滞后6阶，房地产行业小公司股票收益对房地产行业大公司股票组合收益有领先关系。

表 6-5 房地产行业不同规模组合价格和收益的单位根检验

	完全阶段		牛市阶段一		牛市阶段二		熊市阶段一		熊市阶段二	
	ADF	*PP*	*ADF*	*PP*	*ADF*	*PP*	*ADF*	*PP*	*ADF*	*PP*
价格										
L	-2.53	-2.38	2.27	4.26	-2.12	-2.26	-2.03	-2.08	-4.06**	-4.32**
S	-2.4	-2.36	3.53	3.79	-1.74	-1.72	-2.24	-2.24	-4.8***	-4.84**
收益										
L	-47.68***	-47.95***	-14.92***	-15.15***	-25.7***	-27.48***	-27.46***	-27.8***	-26.21***	-26.62***
S	-46.93***	-47.03***	-14.23***	-13.88***	-24.39***	-27.64***	-27.63***	-27.54***	-26.37***	-26.38***

表 6－6　　房地产行业大公司与小公司股票组合收益间的线性 Granger 因果检验

滞后期	完全阶段		牛市阶段一		牛市阶段二		熊市阶段一		熊市阶段二	
	$L\to S$	$S\to L$	$L\to S$	$S\to L$	$L\to S$	$S\to L$	$L\to S$	$S\to L$	$L\to S$	$S\to L$
1	0.009	0.01	0.457	0.312	0.006	0.047	2.44	1.16	1.51	1.14
2	0.007	0.02	0.278	0.177	0.169	0.312	1.94	0.46	0.75	0.55
3	0.29	1.67	0.188	1.07	0.152	0.28	1.44	0.32	2.37*	1.12
4	0.27	1.52	0.71	1.17	0.24	0.2	1.11	0.28	2.05*	0.9
5	0.26	1.98*	0.63	0.82	0.26	0.9	0.99	1.72*	1.83	0.87
6	1.17	1.58	0.54	0.7	0.24	0.38	0.87	0.69	1.78*	2.15*

注：表中给出的是格兰杰因果检验的 F 统计量。

6.4.3 房地产和钢铁行业不同规模组合收益间领先滞后关系检验

根据6.4.1节和6.4.2节的实证分析结果，发现在不同规模组合收益间领先滞后关系在不同行业股票组合内部表现形式有一定差别。钢铁行业的不同规模组合收益领先滞后关系的表现形式要多于房地产行业不同规模组合收益的领先滞后关系。本节的检验就是在控制规模的条件下，研究上下游行业间是否存在规模收益相关的领先滞后关系，如果有，就说明行业关联是规模相关组合收益领先滞后关系的一个原因。

6.4.3.1 房地产和钢铁行业大公司组合收益间领先滞后关系检验

利用钢铁和房地产行业大公司股票组合收益，测算二者间在不同市场阶段的领先滞后关系以及表现形式。如果存在行业关联引起的收益间领先滞后关系，那么在钢铁和房地产行业的大公司股票组合收益间存在领先滞后关系，检验结果见表6-7。

分析表6-7发现，在完全阶段，存在1~6阶的房地产行业大公司股票组合收益到钢铁行业大公司股票组合收益显著的格兰杰因果关系，说明房地产行业大公司股票组合收益领先于钢铁行业大公司股票组合收益。一定程度上反映了房地产大公司股票对上游钢铁产业的带动作用：房地产大公司股票包含的产业信息，需求增加，利润提高，导致对上游钢铁行业需求增加，进一步提高了钢铁行业的利润，持有钢铁行业大公司股票的收益增加。

表 6－7 钢铁和房地产行业大公司股票组合收益间的领先滞后关系检验

滞后期	完全阶段		牛市阶段一		牛市阶段二		熊市阶段一		熊市阶段二	
	$L_r \to L_i$	$L_i \to L_r$	$L_r \to L_i$	$L_i \to L_r$	$L_r \to L_i$	$L_i \to L_r$	$L_r \to L_i$	$L_i \to L_r$	$L_r \to L_i$	$L_i \to L_r$
1	7.61***	0.03	14.27***	1.85	3.04*	0.01	0.95	1.06	0.12	0.13
2	4.12***	0.15	8.78***	0.8	2.6*	0.01	5.76***	1.67	0.19	1.2
3	3.31**	0.13	6.34***	1.46	1.8	0.17	4.62***	1.13	0.14	0.77
4	3.47***	0.5	5.22***	0.99	1.39	0.37	3.85***	0.99	0.41	0.63
5	2.77**	0.4	4.05***	0.81	1.41	0.35	3.19***	1.19	0.41	0.57
6	2.54**	0.46	3.92***	0.66	1.72	0.28	2.83***	1.04	0.35	0.62

注：L_r－表示房地产行业大公司股票组合收益，L_i－表示钢铁行业大公司股票组合收益。

在完全牛市阶段一以及熊市阶段一同样表现出了房地产行业的大公司股票收益领先于钢铁行业的大公司股票收益，印证了行业关联导致这种规模相关的领先滞后关系存在。在牛市阶段二，表现出了房地产行业的大公司股票收益在滞后1阶和2阶对钢铁行业大公司股票收益的显著领先关系。但是在熊市阶段二，房地产行业的大公司股票收益和钢铁行业的大公司股票收益间没有表现出明显的领先关系。说明市场阶段对这种行业关联不同规模股票组合收益间的领先滞后关系具有一定的影响。

6.4.3.2 房地产和钢铁行业小公司组合收益间领先滞后关系检验

同样，利用完全阶段和划分的两个牛市和两个熊市阶段对房地产和钢铁行业的小公司股票组合收益间的领先滞后关系进行检验。根据阿蒂亚斯的差别信息集假说，对于小公司股票而言，其包含的市场范围和行业信息明显弱于大公司股票。检验结果见表6-8。

分析表6-8的结果，发现在完全阶段的滞后1阶和3阶，存在房地产行业小公司股票组合收益到钢铁行业小公司股票组合收益间的领先关系。在熊市阶段一，滞后3~6阶，存在房地产行业小公司股票组合收益到钢铁行业小公司股票组合收益间的格兰杰因果关系；滞后3~4阶，存在钢铁行业小公司股票组合收益到房地产行业小公司股票组合收益间的格兰杰因果关系，从显著性的程度看，房地产行业小公司股票组合收益对钢铁行业小公司股票组合收益的领先作用强于钢铁行业小公司股票组合收益对房地产行业小公司股票组合收益的领先作用，根据非对称性，可以判断出结论：房地产行业小公司股票组合收益领先于钢铁行业小公司股票组合收益。

表 6-8　钢铁和房地产行业小公司股票组合收益间的领先滞后关系检验

滞后期	完全阶段		牛市阶段一		牛市阶段二		熊市阶段一		熊市阶段二	
	$S_r \to S_i$	$S_i \to S_r$	$S_r \to S_i$	$S_i \to S_r$	$S_r \to S_i$	$S_i \to S_r$	$S_r \to S_i$	$S_i \to S_r$	$S_r \to S_i$	$S_i \to S_r$
1	2.86 *	0.18	0.004	0.08	0.78	0.015	0.63	0.15	0.009	0.87
2	1.62	0.16	0.08	0.25	1.36	0.018	1.33	0.51	0.51	0.13
3	2.47 **	0.23	0.07	0.19	1.76	0.75	4.07 ***	2.37 *	1.44	0.15
4	1.89	0.2	0.11	0.99	1.69	0.61	3.29 **	2.06 *	1.04	0.14
5	1.7	0.32	0.08	1.13	1.41	0.67	2.72 **	1.71	1.02	0.73
6	1.46	0.31	0.15	0.98	1.17	0.96	2.23 **	1.41	0.86	0.74

注：L_r - 表示房地产行业大公司股票组合收益，L_i - 表示钢铁行业大公司股票组合收益。

在牛市阶段一、牛市阶段二以及熊市阶段二，房地产行业小公司股票组合收益与钢铁行业小公司股票组合收益间的领先关系不显著。

6.5 本章小结

本章探讨了规模相关的领先滞后关系是否受到行业影响。或者行业可能是这种不同规模公司股票组合收益间领先滞后关系的原因。通过构建钢铁、房地产不同规模公司组合分别探究这两个行业大公司股票组合收益间和小公司股票组合收益间的领先滞后关系。结果表明：

在完全牛市阶段一以及熊市阶段一同样表现出了房地产行业的大公司股票收益领先于钢铁行业的大公司股票收益，印证了行业关联导致这种规模相关的领先滞后关系存在的假设。在牛市阶段二，表现出了房地产行业的大公司股票收益在滞后 1 阶和 2 阶对钢铁行业大公司股票收益的显著领先关系。但是在熊市阶段二，房地产行业的大公司股票收益和钢铁行业的大公司股票收益间没有表现出明显的领先关系。说明市场阶段对这种行业关联不同规模股票组合收益间的领先滞后关系具有一定的影响。

在完全阶段的滞后 1 阶和 3 阶，存在房地产行业小公司股票组合收益到钢铁行业小公司股票组合收益间的领先关系。在熊市阶段一，滞后 3 ~6 阶，存在房地产行业小公司股票组合收益到钢铁行业小公司股票组合收益方向的领先滞后关系，在牛市阶段一、牛市阶段二以及熊市阶段二，房地产行业小公司股票组合收益与钢铁行业小公司股票组合收益间的领先关系不显著。

总之，根据我们选择的钢铁和房地产行业的上市公司股票构建的投资组合，发现我国股市表现出下游行业的股票组合收益对上游行业股票组合收益的领先滞后关系。说明行业关联应该是这个规模相关领先滞后关系的一个原因。

第7章　龙头股与领先滞后关系

龙头股在股市中占据着毫无疑问的重心位置，学者们对龙头股的划分和定义却不尽相同。例如宋逢明和唐俊（2002）将股价主要决定于自身信息、机构投资者持股较多的股票定义为龙头股。魏国林（2013）将大基金持股且走势稳定的股票定义为龙头股。上述学者对龙头股的定义是可以理解的，因为在研究中龙头股通常具有换手率高、市值较大、市盈率高等特点。利用相关特点区分龙头股与其他一般股票的方式较为便捷，本章利用领先滞后关系对板块中的龙头股进行识别，并对识别出的股票进行预测能力回测检验。本章将对龙头股效应进行详细解读，使我们对龙头股效应中的预测能力进一步进行理解：

龙头股的领先效应是指，在一轮趋势中，有一部分股票可以领先其他股票最先捕捉到市场信息开始启动，进而带动板块中其他股票上涨，且上涨动力较为强劲，甚至有时会带动整个大盘上涨的股票；如果龙头股出现下跌那么其板块中其他股票也会跟着下跌，进而导致整个板块指数的下跌，对其板块股票具有领导作用。用领先滞后关系来解释就是龙头股对信息的反应速度较快，相较于板块中其他股票。若有利好信息，龙头股股票带领上涨，若有利空信息，龙头股也会先于板块下跌，但整体走势呈波段性下跌，较为抗跌。也就是说一个行业板块的龙头股会对其跟随股产生预测作用，所以龙头股的领先效应会给投资者操作带来预警信号，投资者会因此对龙头股票进行密切关注，通过观察其走势对整体板块以及大盘的走向作出研判。并且有些投资者不仅把龙头股作为研判市场行情的对象，还对龙头股进行投资，其实只要追涨时机合适，对龙头股进行相应的投资往往比对跟随股投资收益要更加可观。

上述部分具体阐述了龙头股的领先效应，而正是由于龙头股领先效应以及强劲的上涨动力，市场看到了由龙头股带动的赚钱机会，从而场外资金大量进入股市，要么投资龙头股，要么投资龙头股相关股票或板块。进而就会促进板块轮动的形成，甚至促进股市整体进入上升行情。龙头股的示范效应不仅能够帮助整个股市吸引大量资金，还可以对投资者的投资方向进行一定的引导，有效提振投资者信心。当市场处于熊市之时，管理层通常会通过利好信息维持投资者对股市的信心，但是只要股市走势呈震荡向上状态往往比利好消息更能发挥作用，在投资者盈利同时，会大幅提振投资者对股市的信心，从而就会将更多资金投入股市，使人气聚拢，行情就有走好的希望，所以龙头股的示范效应对股票市场来说扮演着十分重要的角色。

本章的研究目的就是利用第 6 章选择的 26 家房地产企业相关股票 2011 ~ 2020 年的相关股票数据，利用龙头股效应的识别方法，识别和判断 2011 ~ 2020 年每年的龙头股，并且利用格兰杰因检验方法进行检验。

7.1　数据及其处理

本章从第 4 章筛选的我国上海和深圳股票市场的 746 家股票中，选择 2011 年以前上市的房地产行业股票。由于 2011 年以前上市的房地产公司不止这26家，为了与第6章的结果进行匹配和对比，因此利用这26家房地产企业进行龙头股筛选。同样对这些股票的价格进行向后除权处理，对于召开股东大会，有缺失值的股票利用停牌前一天的收盘价格计算收益率。

房地产行业股票26家：张江高科（600895）、荣盛发展（002146）、阳光城（000671）、华发股份（600325）、新湖中宝（600208）、外高桥（600648）、上实发展（600748）、南京高科（600064）、保利发展（600048）、顺发恒业（000631）、华远地产（600743）、市北高新（600604）、滨江集团（002244）、福星股份（000926）、沙河股份（000014）、格力地产（600185）、北辰实业（601588）、天地源（600665）、深物业A（000011）、京投发展（600683）、亚通股份（600692）、电子城（600658）、中国武夷（000797）、世荣兆业（002016）、光明地产（600708）、大龙地产（600159）。

7.2 龙头股效应的识别和检验方法

7.2.1 龙头股的识别方法

胡斯和阿伯格尔（Huth & Abergel，2014）研究两种资产间的领先滞后关系所而构建LLR比率，其思想是构建一种资产的历史数据对另一资产的回归方程，通过比较残差项方差占总体方差的大小，来判断何者更领先。假设市场上只有两种资产A和B，假定A股为龙头股（领先股），B股为跟随股（滞后股）；用已知股票A的滞后项对B进行回归。其中 $\{r_t^A\}$ 和 $\{r_t^B\}$ 为股票A和B的收益序列用公式（7-1）表示为：

$$\frac{Var(r_t^A - \mu^{AB} - \sum_{i=1}^{p}\beta_i r_{t-i}^A)}{Var(r_t^B)} < \frac{Var(r_t^B - \mu^{AB} - \sum_{i=1}^{p}\alpha_i r_{t-i}^B)}{Var(r_t^A)} \quad (7-1)$$

根据胡斯和阿伯格尔（2014）的证明，公式（7-1）通过一定的假设条件可变形为公式（7-2）：

$$\frac{\sum_{i=1}^{p}(\rho(i))^2}{\sum_{i=1}^{p}(\rho(-i))^2} > 1$$

$$\rho(i) = \mathrm{Corr}(r_t^B, r_{t-i}^A) \quad (7-2)$$

胡斯和阿伯格尔（2014）将公式（7-2）的不等式左边定义为领先滞后比率 Lead Lag radio（LLR），当 $LLR>1$ 时，就可以判定股票A为领先股票，即龙头股；股票B为滞后股票，即跟随股，其中 $\rho(i)$ 是A和B之间的相关系数，在计算两只股票时间序列间的领先滞后关系时，仅需要两个股票间 $2p$ 个不同滞后期相关系数 $\rho(i)$。领先滞后比率将因果关系的概念简化为两个时间序列的互相关性，从而简化直观理解，并且其计算成本很低，代码行数较少，这就使领先滞后比率成为时间序列分析的潜在工具。

当计算出每两只股票之间的领先滞后比率，就可以利用 Python 代码进行股票两两之间的循环计算，假设计算 N 只股票之间的领先滞后比率，那么其中一只A股票大于1的个数就在0至 N 之间。张炜欣（2018）将每只股票 $LLR>1$ 的个数记成 win_num 如公式（7-3）所示：

$$win\_num = SUM(LLR > 1) \quad (7-3)$$

如果在计算中，某只股票的 $LLR>1$ 的个数较多，这只股票较其他股票来说领先，即使有 win_num 来计数，有可能两只股票的 win_num 处于相等状态，无法分出排名。这时候再引入一个评判标准

LLR 的平均大小，虽然在模型中 $LLR>1$ 就能够说明 A 股票领先于 B 股票，但在实际计算过程中 LLR 为一个具体数值，并且 LLR 的数据越大，越说明 A 股票的领先效应越强，所以当计算两只股票的时候，只要计算两只股票间的 LLR 数据，并看其是否大于 1，以及数据的大小就可以判断二者领先滞后关系，那么拓展到计算 N 只股票的时候，就会有 $N-1$ 个 LLR 的数据，将这 $N-1$ 个数据取平均得到该股票的平均 LLR，即 $\overline{LLR}$：

$$\overline{LLR} = MEAN(LLR) \tag{7-4}$$

由于 LLR 数据大小会有极端值和小于 1 的情况，仅仅根据 $\overline{LLR}$ 大小去判断 N 只股票中的龙头股，没有通过 win_num 数据去判断龙头股精确，所以 LLR 均值为了补充靠 win_num 来判断龙头股缺陷，一旦出现两只以上股票的 win_num 数值一样时，可以通过对比 LLR 均值大小来判断哪只股票更加领先。通过 2011 ~ 2020 年度数据来计算出每年 $\overline{LLR}$ 以及 win_num，并通过先对 win_num 排序再对 $\overline{LLR}$ 的数据进行排序，最后通过计算得出剩余 12 个月的 win_num 均值如公式（7-5）：

$$\overline{win\_num} = MEAN(win\_num) \tag{7-5}$$

通过引入 win_num 的均值，以及 LLR 的均值，可以将计算两个股票之间的领先滞后比率拓展到计算多个股票，从而识别出板块间的龙头股票。

7.2.2 龙头股的检验方法

为了检验识别出的龙头股是否对其跟随股有预测效应，尝试以 R^2 指标作为预测能力的评价，将其与领先滞后关系模型中识别的龙头股标记 *leading_stock* 进行回归检验，根据假设检验结果判断龙头股效应是否存在。采用面板回归方法进行检验。如李君南（2012）

利用拟合优度对其变量进行回归度量其拟合程度。度量拟合优度的统计量是可决系数（亦称确定系数）R^2，R^2 最大值为1。R^2 值越接近1，说明回归直线对观测值的拟合程度越好；反之，R^2 值越小，说明回归直线对观测值的拟合程度越差。

假设待检验预测能力的股票 X，其收益率为 r_t^X。设板块内除股票 X 之外其他股票的平均收益率为 $r_t^{\bar{X}}$，用 r_t^X 过去 P 期数据 r_{t-i}^X 得到回归方程的拟合优度 R^2。回归方程如（7-6）所示：

$$r_t^{\bar{X}} = \mu + \sum_{i=1}^{p} \beta_{i=1} r_{t-1}^{X} + \varepsilon_t \qquad (7-6)$$

每隔一段时间重复如上计算，得到 $N * T$ 面板数据。为了检验龙头股的 R^2 与其他股票是否存在差异，我们以 R^2 为因变量，以龙头股虚拟变量 *leading_stock* 为自变量，进行面板回归。进行回归的模型如公式（7-7）所示：

$$R_{i,t}^2 = \alpha_i + \beta \times leading\_stock_{i,t} + \mu_{i,t} \qquad (7-7)$$

将以 R^2 作为预测能力评价，可以看到整个分析框架需要经过两步回归（第一步为OLS回归，第二步为面板回归）。我将根据最终面板数据回归的结果，判断龙头股效应是否显著存在。

7.3 基于LLR的房地产公司龙头股识别和检验

7.3.1 基于LLR房地产行业龙头股识别

由于领先滞后关系会随着产业结构以及市场条件等外界因素的变化而发生改变，所以为了使识别出的龙头股能够反映出行业变化且兼具稳定性，对其数据按年进行拆分分析。根据前文所介绍的识别方法对房地产板块选择的 26 只股票计算每年的 *win_num*，并且进行排序，然后对其具体的 LLR 平均数据进行二次排序，检测其每个月龙头股，并选择较为稳定的前几只股票，最后识别每个月锂电池的龙头股票。最终识别出数据选取期间锂电池板块的龙头股。每年的数据如表 7.1 ~ 表 7.4 所示。

表 7－1　房地产行业股票 2011 ~ 2020 年的领先排名整理

2011 年			2012 年			2013 年			2014 年		
股票名称	*win_num*	*LLR* 均值	股票名称	*win_num*	*LLR* 均值	股票名称	*win_num*	*LLR* 均值	股票名称	*win_num*	*LLR* 均值
格力地产	22	3.44	市北高新	22	2.38	电子城	24	3.11	格力地产	20	2.03
阳光城	20	1.54	中国武夷	21	2.15	格力地产	20	1.92	京投发展	19	2.83
大龙地产	19	1.79	光明地产	20	2.38	外高桥	19	2.89	新湖中宝	18	1.92
沙河股份	18	2.19	世荣兆业	19	5.49	新湖中宝	19	2.29	市北高新	18	2.67
世荣兆业	17	2.16	南京高科	19	2.25	顺发恒业	18	2	华发股份	16	1.18

表 7－2　房地产行业股票 2015 ~ 2018 年的领先排名整理

2015 年			2016 年			2017 年			2018 年		
股票名称	*win_num*	*LLR* 均值	股票名称	*win_num*	*LLR* 均值	股票名称	*win_num*	*LLR* 均值	股票名称	*win_num*	*LLR* 均值
滨江集团	25	9.87	华发股份	23	2.4	世荣兆业	19	2.28	顺发恒业	24	4.46

续表

2015年			2016年			2017年			2018年		
股票名称	win_num	LLR均值	股票名称	win_num	LLR均值	股票名称	win_num	LLR均值	股票名称	win_num	LLR均值
顺发恒业	23	3.52	光明地产	22	3.22	沙河股份	17	2.77	天地源	23	3.56
上实发展	20	2.54	上实发展	20	2.84	格力地产	16	3.3	大龙地产	21	1.93
张江高科	20	2.53	荣盛发展	20	1.84	顺发恒业	16	1.77	上实发展	20	3.94
阳光城	18	1.66	新湖中宝	19	1.61	南京高科	16	2.2	光明地产	18	1.65

表7-3　　房地产行业股票2019～2020年的领先排名整理

2019年			2020年			最大值		平均值	
股票名称	win_num	LLR均值	股票名称	win_num	LLR均值	win_num	LLR均值	win_num	LLR均值
滨江集团	21	2.55	保利发展	23	2.96	25	9.87	22.3	3.55
新湖中宝	20	2.97	滨江集团	22	2.71	23	3.56	20.7	2.72
世荣兆业	19	2.71	阳光城	20	2.76	21	3.3	19.2	2.51
福星股份	17	2.03	天地源	19	3.09	20	5.49	18.6	2.78
京投发展	17	1.9	亚通股份	18	2.21	19	2.25	17.6	1.88

分析表 7－1～表 7－3 的结果，发现在 10 年的领先数量（*win_num*）排序中，的确有重复排名情况，例如 2017 年领先数量 *win_num*＝16 的有 4 个，2017 年领先数量 *win_num*＝17 有 3 个，这是借助 LLR 均值的大小进行二次筛选，最后得出每年的领先排名前 5 名。其中领先数量 *win_num* 最大的是 25，也就是说该股票（滨江集团）在 2015 年对选择的房地产其他股票都具有领先作用，是绝对的龙头股。LLR 均值最大的是 9.87，说明该股的领先能力非常强。最后对所有年份的领先龙头股票进行汇总，结果见表 7－4。

表 7－4　2011～2020 年房地产行业股票龙头股排名变化整理

年份	1	2	3	4	5
2011	格力地产	阳光城	大龙地产	沙河股份	世荣兆业
2012	市北高新	中国武夷	光明地产	世荣兆业	南京高科
2013	电子城	格力地产	外高桥	新湖中宝	顺发恒业
2014	格力地产	京投发展	新湖中宝	市北高新	华发股份
2015	滨江集团	顺发恒业	上实发展	张江高科	阳光城
2016	华发股份	光明地产	上实发展	荣盛发展	新湖中宝
2017	世荣兆业	沙河股份	格力地产	顺发恒业	南京高科
2018	顺发恒业	天地源	大龙地产	上实发展	光明地产
2019	滨江集团	新湖中宝	世荣兆业	福星股份	京投发展
2020	保利发展	滨江集团	阳光城	天地源	亚通股份

分析表 7－4 的房地产行业股票的龙头股排名情况，本章选择的 26 只房地产板块股票中，每年的领先排名 20% 的股票，10 年中有 60 个机会，每只股票有 2 次机会上榜。对表 7－4 进行统计发现，龙头股上榜次数大于 3 次的股票有：格力地产、世荣兆业、新湖中宝、顺发恒业、光明地产、滨江集团以及阳光城。

7.3.2　房地产行业龙头股检验

根据宋逢明和唐俊（2002）对龙头股效应问题的定义，本节将对识别出的龙头股进行预测能力进行回测检验。在检验中，本章将通过上一章节对 2011 年、2020 年识别出的龙头股进行标记，然后在每个年末作为一个时间点，以该年的收益率数据作为样本，计算该板块 12 个月区间内每只股票的 R^2。通过计算 R^2 判断该股票的龙头股效应是否显著，若龙头股效应成立，那么龙头股的 R^2 应该比其他一般股票的 R^2 要大。通过数据的统计和整理，以 R^2 作为因变量，龙头股虚拟变量作为自变量，对房地产板块每年的 R^2 进行统计，统计结果如表 7 – 5 所示。

表 7 – 5　　2021 年锂电池板块股票排名整体数据

项目	样本量	240
R^2	所有样本均值	0.012
	股票均值最大	0.036
	龙头股均值	0.028
	其他股票均值	0.017

根据上述表格我们可以总结出，龙头股对比其他股票的领先性还是较为显著的，当样本均值在 0.8% 时，房地产板块龙头股 R^2 均值处于 2 倍的 1.5%，R^2 相对较大，这说明每增加一个龙头股就对其他股票的解释程度增加 1.5%。上述数据说明龙头股能够很好地解释其板块股票变化。接下来我们将对其 10 年的龙头股进行显著性检验结果如表 7 – 6 所示。

表 7－6　　2011～2020 年房地产板块面板回归数据

r2	Coef.	St. Err.	t－value	p－value	[95% Conf	Interval]	Sig
mark	0.012	0.00037	3.21	0.002	0	0.001	**
Constant	0.08	0.0089	8.9	0	0.001	0.002	***

注：*** p＜0.01，** p＜0.05，* p＜0.1。

如表 7－6 所示，表中 Coef. ＞0 表示在其他变量不变的情况下，龙头股对跟随股的作用为正向作用，且 p－value＜5% 说明龙头股对跟随股的回归效应在 5% 的状态下显著。

7.4 本章小结

本章利用领先滞后比率（LLR）识别和探讨了房地产行业股票的龙头股，并且对龙头股效应进行检验。

利用 python 编程对选择的 26 只不同规模和不同地域的房地产行业股票 2011～2020 年每年的龙头股进行识别，并且给出前 20% 的龙头股，结果表明在 2011～2020 年的 10 年间，格力地产、世荣兆业、新湖中宝、顺发恒业、光明地产、滨江集团以及阳光城 7 只股票表现出了较强的龙头股效应，10 年中至少 3 年处于龙头股地位。

利用回归的 R^2，基于面板数据模型对所识别的龙头股进行检验，结果发现这些龙头股具有较明显的领先作用。

第 8 章 结论与建议

8.1 主要结论

本书研究 2011 ~ 2020 年我国股市是否存在规模和交易量相关的领先滞后关系，以及该领先滞后关系的表现形式、与市场条件的关系等。

本书通过选取 2011 年以前上市的我国深圳和上海股票市场交易股票为研究样本，构建大公司股票组合和小公司股票组合，研究不同市场阶段（牛市或熊市）规模相关的领先滞后模式。基本数据分析表明我国股市价格序列的统计特性仅部分与其他国家相似，如科威特，芬兰。由协整检验和因果分析可以看出，在我们选择的研究阶段内，我国股市主要表现为小公司股票组合收益领先于大公司股票组合收益［不符合阿蒂亚斯（1985）的差别信息集解说，但是部分符合汉德森（Handson，1990）信息收集的收益成本折衷假说］：在完全阶段，存在小公司股票组合收益到大公司股票收益方向的领先滞后关系。在普涨牛市阶段（牛市阶段一），小公司股票组合收益与大公司股票组合收益间不存在领先滞后关系；在结构性牛市阶段（牛市阶段二），表现为小公司股票组合收益在滞后 4 ~ 6 阶

(4～6 天) 对大公司股票组合收益具有领先作用。在普跌熊市阶段（熊市阶段一），同样表现为小公司股票组合收益在滞后 4～6 阶对大公司股票组合收益具有领先作用；在结构性熊市阶段（熊市阶段二），表现为小公司股票组合收益与大公司股票组合收益的双向格兰杰因果关系，从显著性程度看，可以看作小公司股票组合收益领先于大公司股票组合收益（非对称的因果关系）。在分别控制大公司和小公司股票组合收益自相关后，二者间的线性领先滞后关系仍然存在，说明我国股市不同规模股票组合收益的自相关和领先滞后关系是独立的。

深入探究表明，我国股市的这种规模相关领先滞后关系，主要是由于不同规模公司股票对公司特定信息的反应延迟引起，而不是由于对公司股票包含的市场信息以及市场信息的反映延迟引起的。进一步分析表明，我国股市的规模相关领先滞后关系的表现形式为滞后 4 阶以上，说明这种远期的领先滞后关系主要可以归结为股票价格的不规则轮动，而不是由于股票价格变化的惯性和反转引起的，可以借助非线性因果检验的结果作为佐证。

通过从上海和深圳股票市场选取 639 只股票，分别构建日收益、周收益的 3×3 的规模交易量组合（SV 组合），研究我国股市交易量相关的领先滞后效应，以及交易量与规模效应的独立性，并顺便研究非同期交易（异步交易）对领先滞后关系的影响。研究发现规模和交易量对领先滞后模式的影响是独立的，我国股市存在交易量相关的领先滞后关系。对于日收益数据而言，除了第二个规模组合，其余规模组合内自相关系数和随着交易量换手率增加而递减；对于周收益数据而言，在最大公司规模组合内部，自相关系数仍然存在随着交易量换手率增加下降的情况，随着交易量换手率的增加价格调整速度加快。高交易量换手率组合的收益会领先于低交易量换手率组合的收益。交易量和规模对交叉序列领先滞后关系应有独立影响。

利用 VAR 模型分析控制自相关条件下，分析领先滞后关系与自相关的独立性。结果表明，在日收益数据条件下，在第一和第三个规模组合内，控制低交易量组合收益自相关条件下，高交易量换手率组合收益对低交易量换手率组合收益存在显著一阶预测性，说明交叉序列相关领先滞后关系与自相关是相互独立的。同时发现在第二和第三个规模组合内部，低交易量换手率组合收益与高交易量换手率组合收益之间存在双向领先滞后关系。从预测能力看，高交易量换手率组合收益比低交易量换手率组合收益的预测能力强。在周收益数据条件下，第二和第三个规模组合内部，高交易量换手率组合收益对低交易量换手率组合收益有显著的反向预测作用，说明在控制自身相关后，领先滞后关系是显著的。低交易量换手率组合收益对高交易量投资组合收益也有显著预测作用。

通过构建钢铁、房地产不同规模公司组合分别探究这两个行业大公司股票组合收益间和小公司股票组合收益间的领先滞后关系。结果表明：在完全牛市阶段一以及熊市阶段一同样表现出了房地产行业的大公司股票收益领先于钢铁行业的大公司股票收益，印证了行业关联导致这种规模相关的领先滞后关系存在的假设。在牛市阶段二，表现出了房地产行业的大公司股票收益在滞后 1 阶和 2 阶对钢铁行业大公司股票收益的显著领先关系。但是在熊市阶段二，房地产行业的大公司股票收益和钢铁行业的大公司股票收益间没有表现出明显的领先关系。

在完全阶段的滞后 1 阶和 3 阶，存在房地产行业小公司股票组合收益到钢铁行业小公司股票组合收益间的领先关系。在熊市阶段一，滞后 3 ~ 6 阶，存在房地产行业小公司股票组合收益到钢铁行业小公司股票组合收益方向的领先滞后关系。发现我国股市表现出下游行业的股票组合收益对上游行业股票组合收益的领先滞后关系。说明行业关联应该是这个规模相关领先滞后关系的一个原因。

本书研究结论与国外股市的研究结论有一定差异。芬兰股市的实证研究中信息无论何时都是从大公司股票流向小公司股票。也不同于澳大利亚股市的研究结论：在牛市阶段小公司股票收益起到领先作用，大公司股票收益在牛市和熊市起到同等重要作用。首先，芬兰的研究没有区分市场阶段，会存在小公司股票收益对大公司股票收益不引人注意的领先作用，如果作者区分不同市场阶段的话，其结论会有所变化，另外，小公司股票的交易清淡问题也是不容忽视的。其次，我国的股权结构与芬兰股票市场的公司的股权结构是有差别的：芬兰股市的大公司很多是私有的家族控股，我国股市的大公司股票主要是国有控股。最后，澳大利亚股市的研究是采用15分钟时段数据，高频数据体现较多的是公司个体因素，却不能完全反映宏观和中观层面的因素。另外，与德国和土耳其的研究相比，其在不同规模公司选择上同时考虑规模和雇佣工人的人数，这在一定程度上保证所选择的公司在规模大小非常接近的范围内，这有利于降低不同公司股票交易价格变化的异质性，降低异质性实际上就是减弱异步交易影响。

8.2 结论的启示

(1) 与美国、日本、英国等发达国家的股票市场相比，中国还是一个新兴的股票市场。尽管我国的证券监管机构强化和规范了各种公开信息和公司特定信息（盈余报告）的披露。一些行业信息可以在金融监管部门和各个部委网站上得到，一些特定信息可以在公司网站上和交易所网站上得到。但是很多股民还没有形成信息收集和处理的习惯[①]，加上有些时候存在信息传播渠道不是很畅通。这些增加了信息不对称和信息不完全的可能性，使信息的扩散速度减慢。从第4章我们列举的表4－9可以看出我国股民结构无论从年龄、性别、职业还是学历来看都很复杂。这样使得我国股民的同质性很差，实际上即使是相同的年龄和学历的股民也会对同一信息的理解、看法存在差别（这是不足为奇的，因为有些机构投资者也会存在对信息理解分歧的时候）。这样会导致对将来的股票价格看法不同，这尽管在一定程度上增强了股票的流动性，但是却增加买卖价差（bid－ask spread）和价格调整延迟的可能性，使股票收益之间的自相关和领先滞后关系（根据我们上面的实证研究发现我国股市分别存在规模和交易量相关的领先滞后关系）。另外由于我国股市是缺乏卖空机制的“单边市场”（只在上涨时候赚钱，下跌的时候赔钱，这样会导致下跌的时候投资者的参与率很低），减弱了股民进行信息收集的动力；这在一定程度上增加了股票投资的盲目性和投机性因素。下表给出了我国股市的换手率与发达国家的比较：

从表7－1看出我国内地股市的日换手率明显高于其他发达国家和地区股市的日换手率。如从2011年的数据看，我国内地股市的换手率是美国股市的1.2倍，是日本股市的1.3倍，是澳大利亚股市的1.4倍，香港股市的1.2倍。到2018年，尽管这些数据有些缩小，但还是高于这些国家的换手率。但是总体来讲，2011年以来，我国股市的换手率有上升的趋势，2011年我国内地股市的换手率为1.24，到2016年达到这些年的最高值2.62，然后逐年下降到2019年的2.28，说明我国投资者的投资参与行为比较热情。

（2）我国上市的大公司多为国有的大型企业，其中的大部分企

---

① 有些信息如行业信息、国家的有关政策是不定期发布的，这使股民很难形成定期地收集信息的习惯。

业披露的信息及时可信，有较强的法律效力；但是由于不同公司的业绩的差别、信息质量的不同使我国上市公司的信息披露的及时性有所区别。从我国学者的研究文献来看，大家认为我国上市公司的信息公告及时性与业绩变动、盈余市场反应、审计意见之间、公司规模等有很强的关联性。孟卫东和陆静（2000）认为盈余好的公司倾向于较早地公布其年报，反之则推迟公布年报，年报披露前后盈余反应系数的符号表明市场存在浓厚的投机成分，机构投资者有利用内幕信息操纵市场的空间。陈汉文等（2004）[①] 研究发现中国市场存在“好消息早、坏消息晚”的披露规律，同时上市公司年报披露时间呈逐年缩短的趋势，且规模越大比规模小的上市公司年报披露时间比预约时间变更的可能性越小。坏消息披露得晚而好消息披露得早，这容易增大同行业公司股票投资者的风险。比如 A 和 B 是两个同行业的上市公司，A 公司经营业绩好，按时披露的盈余信息。这样会使得投资于 B 股票的投资者误认为 B 的业绩也会好（坚定持有），又会吸引一些投资者购买 B 公司股票（因为一些信息交易者不会介入 B 股票使得该股票价格被认为低估）。这样一旦 B 公司业绩差的盈余消息到达市场会使投资于 B 股票的投资者带来损失。这种情况在熊市更加明显。这也是我国股市的股票价格行为不支持差别信息假说的一个原因[②]。

另外我国上市公司质量也逐步提高，退市率较低。在目前我国深圳和上海上市交易的股票共有 4 814 家，被 ST 和 * ST 的有 145 家，占 3.01%（这一比例明显低于 2010 年的 6.5%）。这 145 家上

① 见孟卫东、陆静《上市公司盈余报告披露的特征及其信息含量》，载于《经济科学》2000 年第 5 期。陈汉文等《盈余报告的及时性：来自中国股票市场的经验证据》，载于《当代财经》2004 年第 4 期。

② 差别信息假说假定不同公司的盈余信息披露时间规范、可靠、及时的条件下是不同公司包含的信息存在差别的一个前提。

市公司中，上市日期从 1990 年（ST 星源（000005））到 2020 年（*ST 恒誉（688309））都有。2011 年之前上市的有 101 家，2011 年以后上市的有 44 家，其中有两家是 2020 年上市的。20 世纪 90 年代的股票上市交易的股票到现在被 ST，说明可能被多次处理过；而 2020 年 7 月上市的股票被 ST（688309），说明该公司的经营水平受人质疑。从国内外的对比来看，NASDAQ 的股票退市比例最高达 8%，而我国却仅有 1%。这真的体现了一个问题，说明我国"带病"交易的股票较多。尽管我国的证券交易所加大了退市的力度，但是退市的比例还是低于美国等发达国家的股市。由于一些上市公司的粉饰业绩的行为，增加信息的及时性和准确性的难度以及信息的处理成本，对于非专业人士是很难识别出盈余信息的真伪性。从保护投资者利益角度来看，尽管由于监管层的努力，盈余信息的准确及时性有了很大改变，如我国的证券监管部门规定上市公司的强制分红措施。但要改善我国上市公司的质量还有很长的路要走。

（3）在所划分牛市阶段和熊市阶段，大公司股票组合收益均没有表现出显著的滞后相关特性，说明大公司股票的价格变化不存在延迟，对信息的反应比较充分。

小公司股票组合收益表现出不同程度的滞后相关特性。在牛市阶段一和熊市阶段一，小公司股票组合收益表现出显著的一阶滞后相关性。在牛市阶段二，小公司股票组合收益表现出滞后一阶、二阶的显著正相关，以及滞后五阶的显著负相关。在熊市阶段二，小公司股票组合收益表现出滞后一阶、三阶、四阶和五阶的显著正相关，以及滞后二阶的显著负相关。总之，我国股市的股票收益存在一定滞后相关性，这一点与许涤龙和王珂英（2001）的结果一致。在牛市阶段，大公司股票交易比小公司股票活跃，在熊市阶段小公司股票交易相对清淡。另外，我国股市的熊长牛短的问题非常明显，从 1990 年以来，经历了 2007 年和 2015 年的两次普涨牛市，其余年份要么处于普跌的熊市，要么处于结构性牛市和结构性熊市。

（4）本书表明了股票收益的领先滞后关系是股票价格动态的一个重要方面，尽管一定程度上说，这种领先滞后关系可以归因于股票市场对某种类型股票（如本书的大公司股票与小公司股票）的交易存在过度反应，也可能是本样本内的情况，然而，从国内外的文献来看，引起这种股票组合收益间，尤其是不同交易量换手率组合收益间的领先滞后关系的更深层次内在经济原因还有待大家比较公认的理论支撑。

8.3 对投资者的建议

长期以来，金融经济学的一个主要研究领域就是价格合并（消化）信息的方式。尽管在无摩擦市场条件下的资产定价理论考虑了信息的即时扩散问题，但是交易摩擦阻碍了信息顺利地合并到价格中去。其中交易成本就是现实中的一个摩擦现象。由于流动性问题，参与大公司股票交易的大都是机构投资者和交易大户，他们的交易费用明显低于普通散户，因此当一个比较模糊的信息到达市场时，一些先知先觉者就会提前介入，即使最后确认该信息是中性的或者是偏负面性的，这时，这些投资者可以做反向交易，但是对于那些受到散户追捧的小公司来说，较高的交易成本会导致价格对信息的较慢调整。这也可能就是该领先滞后模式能够在很多股票市场长期存在而没有被套利者消除的一个主要原因。

8.3.1 以日为交易周期的投资者来说

对于本书所研究的这种在中国股市存在的规模和交易量的领先

滞后模式。对于投资者有一定指导意义。从本书的实证结果发现，规模相关的领先滞后关系是由于大公司股票组合对小公司股票内包含的公司特定信息反应延迟引起的，而不是对市场范围的公开信息反映延迟引起的。这说明我国的投资者对市场范围的公开信息反应几乎是同质的。

对于长时期存在的人气旺盛的牛市行情来说。对于普涨牛市而言，大公司股票和小公司股票对信息的调整速度很快，几乎不存在价格调整延迟和领先滞后关系，这种情况下就是持股待涨，不用频繁换股，以免踏空。对于结构性牛市阶段，根据我们的实证结果，我国股市表现为小公司股票组合收益对大公司股票组合收益的领先滞后关系，小公司股票上涨 3 天之后，轮到大公司股票上涨。说明小公司股票的价格上涨到一定程度之后，其定价大大超过公允价值，市盈率偏高、风险增大，投资者会获利了结，卖掉小公司股票转而购买定价相对较低的大盘股，甚至蓝筹股，这类股票投资价值高。因此这一阶段的投资策略，有两种方法选择：一个投资策略是在购买的小公司股票上涨之后适当配置大公司股票，小公司股票上涨 4 天左右就要获利了结，然后购买大公司股票，或者上涨之后陆续卖掉小公司股票（至于卖掉哪些小公司股票，取决于投资者手中股票的质量和风险程度），陆续配置一定比例的大公司股票。另一个投资策略就是同时配置一定比例的大公司股票和小公司股票仓位，但是小公司股票的仓位比例要高于大公司股票，这样可以实现股票组合收益的最大化。但是相比较而言，第一种的投资策略把握得好，其收益应该大于第二种策略。

对于相反方向，也即对于熊市阶段。在普跌和结构性熊市而言，我国股市同样存在小公司股票组合收益领先于大公司股票组合收益，领先时间也是 4 ~ 6 天。这个时候的投资策略，一方面逐渐降低或调整劣质或者垃圾小公司股票的仓位，避免熊市阶段这类股票由于业绩“翻脸”而“暴雷”；另一方面我国股市在下跌阶段会经常表现为大象跳舞的“二八”现象，其目的是为小公司股票的下跌护盘。当小公司股票下跌到一定程度的时候，大公司股票就开始下跌。因此小公司股票的收益连续三天出现负的情况，这预示着未来一两天内大公司股票的收益会出现负值，这时应该提前卖出大公司股票，避免较多的收益损失或减少。一般情况是在熊市条件下大盘蓝筹股的这种“二八”现象不会持续太长时间，一般在维持了两三天后必须卖出，这两三天恰好也是小公司股票的下跌时期（因为获利盘卖出）。

一个主要的困难就是如何介入大盘蓝筹股是最佳时机？在熊市阶段，也有反弹时期，这一反弹时期需要大盘蓝筹股的启动。一般而言在每次下跌很深反弹初期大盘蓝筹股启动时，或者是反弹的中期，具体表现形式就是几个大盘蓝筹股的外盘交易量（委买盘）明显大于内盘交易量（委卖盘）。若外盘与内盘的买卖数量相当而股票价格的涨幅却大于3%，这是可以借助股票的分价表来判断，即在每一关键价格处委买比例很低，这时就可以介入大盘蓝筹股，并同时介入小公司股票，按照本文的建议最好配置这两类股票，至于其配置比例要看个人风险承受能力。如果你的风险承受能力很高的话，可以完全配置小公司股票。但是在反弹的末期，一些小公司股票的获利程度很大，这时的大盘蓝筹股上涨“二八”现象要保持高度的警觉①，这时即使介入大盘蓝筹股但是持股时间也不要太长，快进快出。同时一些小盘股股票应该获利卖出。因为我提供的是日为交易周期的建议，对于长线投资者可以酌情考虑。

同时本书的交易量相关领先滞后模式对实际投资也有指导意义。一些市场信息的传递都有一个缓冲期（内在时滞和外在时滞），现

① 这是典型的护盘现象。

实中的政策制定者考虑一个政策都要召开专家进行讨论，这就为信息的提前泄露提供一个平台，有时可能是政策制定者故意泄露除去来观察市场的反应，这时一些先知先觉或者是信息敏感者，就会提前介入，表现在股票的盘面上就是底部成交量（换手率）的温和放大，而价格却没有涨很多，体现出了“牛长熊短”特征①，且在股票下降的短暂时期成交量萎缩，这时就可以买入这类股票，这些股票将来可能会上涨得很快，若这些股票将来真的上涨了，在上涨到一定程度后获利了结，买入那些前期成交量没有明显放大的股票，将来这些股票的价格会上涨，投资这些股票收益会增加，这样就会把握住股市的轮动机会。那么怎样寻找这样的股票呢？在每日的收盘后，应该做功课，查看股票的当日涨跌幅排行，对于那些涨幅在2%～3%而跟这些相同规模的或者相同行业、概念的股票涨幅却很高，这是要特别留意这些股票。

对于上涨中期，一些股票的换手率连续放大，这时可以分为两种情况，一种是价格涨幅很大，另一种是价格涨幅很小。对于价格涨幅很大我们可以介入做一次短线操作②，但是对于价格涨幅不大的股票介入的价值却不大。

对于本书的行业相关的领先滞后关系，可以辩证地采取一定的投资策略。房地产行业关联较大的是钢铁以及其他建材。如果的确房地产行业股票行情很好，那么上涨一段时间之后估值过高，势必对带来投资者的联想：房地产行业股票收益高，行业看好，势必带来其上游行业，钢铁、水泥以及其他建材行业股票的上涨，究其关系而言，如果真的是轮到钢铁类股票上涨，根据经验以及钢铁类股

① 所谓的牛长熊短就是上涨的持续时间很长、下降的持续时间很短。

② 短线操作的难度很大，一般而言对于在牛市的上升通道中持股待涨还是很好的策略，但是对于震荡行情来说，短线还是有利可图的。

票的估值特点，如果钢铁类股票的行情看涨，尤其是普涨，往往是反弹行情或者是阶段性行情的顶部。

8.3.2 对于以日内为交易周期的投资者来说

可以根据我的交易量领先滞后模式进行投资，配置两种资产：前期交易量明显放大的股票（这时其交易量换手率也会很高）以及交易量很小的股票（交易清淡的股票、其换手率也会很低），这时若你的投资账户已经是满仓、或仓位很高，对在某个交易日内到达市场的负面信息，你配置的高交易量股票由于集中许多交易者使该股票格势必作出迅速反应，即下跌。这时你可以部分或全部地迅速卖出那个交易量很低的资产，因为该股票的交易者会少于高交易量换手率的股票使得其股票价格对该消息的反应会较慢，价格下降会比上面提高的有个时滞。在那个高交易量换手率资产的价格下降很低[①]的时候买入该资产，若大家都这样进行操作（实际上这是可行的，因为该股票集中了很多投资者），势必带来该股票价格的日内反弹，反弹到一定目标价位的时候，你再获利了结，可以为你带来收益。同时若刚才的低交易量换手率股票的价格刚开始下跌或者横盘，可以把刚才的仓位补回来，但是这样做的前提是要判断该消息的性质，即该负面消息会持续时间的长短[②]。若持续时间较长的话，那么先别买入，因为该股票可能会在第二天出现补跌情况[③]，可在第二天买入。这是根据我的实证结论的政策建议，大家在实际操作

---

① 如何界定很低呢？一般而言若其快速下跌，会在某一个点位有很多快速卖盘，这时可以买入。对于温和下跌的时机不好掌握，要看个人的经验而定。

② 大家根据我的操作可以看出这实际上是一个零贝塔投资组合。

③ 补跌就是其他股票都在下跌，而该股票的价格却在横盘或者小幅下跌，这是主力在调整自己仓位的（存货）的一种方法。但是在下跌的第二天给股票可能会大幅下跌了。

时，要结合很多其他因素来进行。避免“踏空”或“追高”使自己的心态失衡。

可以利用日内的股票涨跌不同步性（我把这称之为日内数据的领先滞后关系），进行选股。一般而言，正常的理性交易就是一只股票涨了几天后都要调整一下，这样可以洗出短线客。因此在某一日你发现股票的行情不错，但是你又不知道应该介入哪只股票好。这是在盘中可以看看涨跌排行，对于涨跌排行处于后面的股票挑选出来，简单看看该股票的规模、成交量、市盈率、业绩以及概念，如果这些都不错，看看该股票的 K 线图，如果该股票已经调整里 2～3 天左右，且调整的这几天成交量没有太大变化，那么可以考虑介入该股票。这样该股票会在随后的交易里出现上涨行情。

尽管我们上面提出一些投资的建议，但是对于股市投资来讲，还要养成良好的投资习惯和严格遵守投资纪律。一年应该拿出一些时间让资金休息一下，而且时刻记住一定要保持好投资比例，不能一看行情好了就马上满仓，股市是瞬息万变的，控制风险始终是第一位的。一定要留有一部分现金，以备不时之需。有的时候可以配置一些波动性很小的股票，这些股票的投资几乎可以当作现金来用（波动性小风险就会小），即使由于流动性原因进行交易也不会有太大损失。

附录A

下面给出了概率论中的迭代期望法则，供文中参考。

1. $E(X^* \mid Y^* = Y) = EX^* + \dfrac{\mathrm{Cov}(X^*, Y^*)}{Var(Y^*)}(Y - E(Y^*))$

2. $Var(X^* \mid Y^* = Y) = VarX^* - \dfrac{[\mathrm{Cov}(X^*, Y^*)]^2}{Var(Y^*)}$

3. $E\{E[X^* \mid Y^* = Y]\} = EX^*$

4. $E\{E[Y^* \mid F(X^*)] \mid X^*\} = E(Y^* \mid F(X^*))$

5. $E\{E[Y^* \mid X] \mid F(X^*)\} = E(Y^* \mid F(X^*))$

附录 B

1. $E(V(W_{1i}^{*})|\theta) = -\exp\left(-a\left\{E[W_{1i}^{*}|\theta] - \frac{a}{2}Var[W_{1i}^{*}|\theta]\right\}\right) = -\exp\left(-a\left\{RW_{0i} + X_I\{E(u^{*}|\theta) - Rp\} - \frac{a}{2}X_I^2 Var(u^{*}|\theta)\right\}\right) = -\exp\left(-a\left[RW_{0i} + X_I(\theta - Rp) - \frac{a}{2}X_I\sigma_\tau^2\right]\right)$

从第一个等号到第二个等号是带入了 W_{1i}得出的。

2. $E(V(W_{1i}^{*})|p^{*}) = -\exp\left[-a\left\{E[W_{1i}^{*}|p^{*}] - \frac{a}{2}Var[W_{1i}^{*}|p^{*}]\right\}\right] = -\exp\left[-a\left\{RW_{0i} + X_U(E(u^{*}|p^{*}) - Rp) - \frac{a}{2}X_U^2 Var(u^{*}|p^{*})\right\}\right]$

附录 C

1. 因为 $E(V_1+V_2 \mid \theta_1, \theta_2)$ 是 V_1+V_2 在 θ_1 和 θ_2 上的线性映射，那么由多元回归的斜率系数可知：$E(V_1+V_2 \mid \theta_1, \theta_2)=B_0+B_1\theta_1+B_2\theta_2$，其中：$B_0=E(V_1+V_2)$

$$B_1=\frac{\mathrm{Cov}(V_1+V_2, \theta_1)Var(\theta_2)-\mathrm{Cov}(V_1+V_2, \theta_2)\mathrm{Cov}(\theta_1, \theta_2)}{Var(\theta_1)Var(\theta_2)-[\mathrm{Cov}(\theta_1, \theta_2)]^2}$$

$$B_2=\frac{\mathrm{Cov}(V_1+V_2, \theta_2)Var(\theta_1)-\mathrm{Cov}(V_1+V_2, \theta_1)\mathrm{Cov}(\theta_1, \theta_2)}{Var(\theta_1)Var(\theta_2)-[\mathrm{Cov}(\theta_1, \theta_2)]^2}$$

且有：$k'=B_1=B_2=\dfrac{2\sigma_w^2+\sigma_s^2}{2\sigma_w^2+\sigma_s^2+\sigma_\varepsilon^2}$。

2. 令 $X'=(\Delta V_{1,t-1}, \Delta P^*_{1,t-1}, \Delta P^*_{2,t-1})$，$\sum$ 是变量 X 的 3×3 方差协方差矩阵，且其元素为 $\sum\limits_{ij}$。定义：$\sum\limits_{13\cdot2}=\sum\limits_{13}-\sum\limits_{12}\sum\limits_{22}^{-1}\sum\limits_{23}$，$\sum\limits_{33\cdot2}=\sum\limits_{33}-\sum\limits_{32}\sum\limits_{22}^{-1}\sum\limits_{23}$，

则有：
$$\sum_{13\cdot2}=\mathrm{Cov}(\Delta V_{1,t-1}, \Delta P^*_{2,t-1})-\frac{\mathrm{Cov}(\Delta V_{1,t-1}, \Delta P^*_{1,t-1})\,\mathrm{Cov}(\Delta P^*_{1,t-1}, \Delta P^*_{2,t-1})}{Var(\Delta P^*_{1,t-1})}$$

$$=k\sigma_w^2-\frac{k(\sigma_w^2+\sigma_s^2)k^2\sigma_w^2}{k^2(\sigma_w^2+\sigma_s^2+\sigma_\varepsilon^2)}=k(1-k)\sigma_w^2 \tag{1}$$

$$\sum_{33\cdot2}=Var(\Delta P^*_{2,t-1})-\frac{[\mathrm{Cov}(\Delta P^*_{1,t-1},\Delta P^*_{2,t-1})]^2}{Var(\Delta P^*_{1,t-1})}$$

$$=k^2(\sigma_w^2+\sigma_s^2+\sigma_\varepsilon^2)-\frac{(k^2\sigma_w^2)^2}{k^2(\sigma_w^2+\sigma_s^2+\sigma_\varepsilon^2)}$$

$$= k^2(m\sigma_w^2 + \sigma_s^2 + \sigma_\varepsilon^2) \quad (2)$$

$E(\Delta V_{1,t-1} \mid \Delta P_{1,t-1}^*, \Delta P_{2,t-1}^*) = E(\Delta V_{1,t-1} \mid \Delta P_{1,t-1}^*) + \sum_{13\cdot 2}\sum_{33\cdot 2}^{-1}[\Delta P_{2,t-1}^* - E(\Delta P_{2,t-1}^* \mid \Delta P_{1,t-1}^*)]$，把该式代入方程（2－17）中，并定义 $\Delta P_{1,t} = P_{1,t} - P_{1,t-1}$，$\Delta P_{1,t}^* = E(\Delta V_{1,t} \mid \theta_{1,t})$，这样就有：

$$\Delta P_{1,t} = \Delta P_{1,t}^* + \sum_{13\cdot 2}\sum_{33\cdot 2}^{-1}[\Delta P_{2,t-1}^* - E(\Delta P_{t-12}^* \mid \Delta P_{1,t-1}^*)] \quad (3)$$

$$E(\Delta P_{2,t-1}^* \mid \Delta P_{1,t-1}^*) = \frac{\mathrm{Cov}(\Delta P_{1,t-1}^*, \Delta P_{2,t-1}^*)}{Var(\Delta P_{1,t-1}^*)}(\Delta P_{1,t-1}^* - E(\Delta P_{1,t-1}^*))$$

$$= \frac{k^2\sigma_w^2}{k^2(\sigma_w^2 + \sigma_s^2 + \sigma_\varepsilon^2)}\Delta P_{1,t-1}^* = (1-m)\Delta P_{1,t-1}^* \quad (4)$$

把式（1）、式（2）、式（4）代入式（3）中并整理就可以得到方程（2－18）。

参考文献

[1] 易丹辉. 数据分析与 EViews 应用 [M]. 北京：中国统计出版社，2003.

[2] 陆懋祖. 高等时间序列经济计量学 [M]. 上海：上海人民出版社，2003.

[3] 高铁梅. 计量经济分析方法与建模 - EViews 应用及实例 [M]. 北京：清华大学出版社，2006.

[4] 朱平芳. 现代计量经济学 [M]. 上海：上海财经大学出版社，2004.

[5] 白仲林. 面板数据的计量经济分析 [M]. 天津：南开大学出版社，2008.

[6] 赵进文. 复杂数据下经济建模与诊断研究 [M]. 北京：科学出版社，2004.

[7] 张维，闫冀楠. 关于上海股市量价因果关系的实证探测 [J]. 系统工程理论与实践，1998 (6)：112 - 115.

[8] 沈艺峰，吴世农. 我国证券市场过度反应了吗？[J]. 经济研究，1999 (2)：21 - 26.

[9] 陈怡玲，宋逢明. 中国股市价格变动与交易量关系的实证研究 [J]. 管理科学学报，2000 (6)：62 - 68.

[10] 刘志新. 运用马尔可夫链对上海股市有效性的检验 [J]. 系统工程，2000 (1)：29 - 33.

［11］盛建平，高芳敏．成交量与回报率相关性实证研究［J］．预测，2000（5）：69－71．

［12］许涤龙，王珂英．上海股市有效性与可预测性并存的实证研究［J］．经济问题2001（11）：11－13．

［13］王永宏，赵学军．中国股市“惯性策略”和“反转策略”的实证分析［J］．经济研究，2001（6）：56－61．

［14］陈浪南，黄杰鲲．中国股票市场波动非对称性的实证研究［J］．金融研究，2002（5）：67－73．

［15］宋逢明，唐俊．个股的信息来源与龙头股效应［J］．金融研究，2002（6）：1－11．

［16］王承炜，吴冲锋．2001，A. B股互—自相关研究［J］．系统工程理论方法应用，2001（4）：2－8．

［17］唐或，曾勇，唐小我．收益与周转率负相关的不对称性：对上海股市的实证研究［J］．管理工程学报，2004（4）：13－20．

［18］华仁海，丁秀玲．我国股票市场收益、交易量、波动性动态关系的实证分析［J］．财贸经济，2003（12）：36－40．

［19］张永东，黎荣舟．上海股市日内波动性与成交量之间引导关系的实证分析［J］．系统工程理论与实践，2003（2）：19－23．

［20］刘煌辉，熊鹏．中国市场中股票间领先—滞后关系的规模与交易量效应［J］．世界经济，2004（8）：50－59．

［21］王庆石，朱天星．中国股市大公司股票与小公司股票收益关系的实证研究［J］．数学的实践与认识，2006（11）：70－77．

［22］王庆石，朱天星．盈余信息预披露与股票价格行为研究［J］．数学的实践与认识，2006（12）：113－119．

［23］郭洪钧．股票指数：期货价格与现货价格的领先－滞后关系［J］．经济理论与经济管理，2007（6）：36－40．

[24] 王庆石，朱天星．中国股市大公司与小公司股票动态价格关系研究［J］．数学的实践与认识，2008（11）：48－52.

[25] 赵伟，曾勇．股票互自相关与反转收益的实证研究［J］．电子科技大学学报，2008（1）：157－160.

[26] 任远．股指期货与现货指数领先滞后关系：基于沪深300指数期货合约与沪深300指数的实证分析［J］．中国证券期货，2010（7）：24－28.

[27] 何枫，张维，熊熊，等．沪深300股指期货与标的指数联动关系研究［J］．系统工程学报，2017，32（5）：648－659.

[28] 吴玉菡．我国白银期货和现货价格相关性研究［J］．价格理论与实践，2020（1）：107－110.

[29] 衣栋春．个体与机构投资者情绪领先［D］．济南：山东财经大学，2015.

[30] 王超．证券分析师对中国股票市场有效性影响的研究［D］．合肥：中国科学技术大学，2018.

[31] 荆博诚．分析师关注度与股票收益：基于上证A股市场［J］．中国商论，2021（17）：93－95.

[32] 郑佳梅．不同账面市值比股票信息扩散的领先滞后效应研究［D］．成都：西南交通大学，2016.

[33] 于佳．中国A股市场股票收益领先滞后效应的研究［D］．长沙：湖南大学，2011.

[34] 蔡娟．股票收益的领先－滞后效应的研究［D］．武汉：武汉理工大学，2011.

[35] 罗刚．中国股票市场领先滞后关系影响因素研究［D］．成都：西南财经大学，2016.

[36] A. A. T.，B. N. U. Relative importance of industry and country factors in security returns［J］. Global Finance Journal，2005，16

(1): 16 -25.

[37] Alan, L. , Tucker Kent, G. BeckerMichael, J. , Isimbabi Joseph, P. OGDEN Contemporary Portfolio Theory and Risk Management [M]. West Publishing Company, 1993.

[38] Abreu D. and Brunnermeier, M. Synchronization Risk and Delayed Arbitrage [J]. Journal of Financial Economics, 2002 (66): 341 -360.

[39] Admati, A. and P. Pfleiderer. A Theory of Intraday Patterns: Volume and Price Variability [J]. Review of Financial Studies, 1988 (1): 3 -40.

[40] Ahn, D. H. , Boudoukh, J. , Richardson, M. and Whitelaw, R. F. Partial Adjustments or Stale Prices? Implications from Stock Index and Futures Return Autocorrelations [J]. Review of Financial Studies, 2002 (15): 655 -689.

[41] Allan Hondson, Abul Masih, Dynamic Price Relationship Between Small and Large Stocks Working Paper, 1998 (7): 379 -402.

[42] Al - Loughani, N. E. Randomwalk in Thinly Traded Stock Markets the Case of Kuwait [J]. Arab journal of administrative science, 1995 (3): 189 -209.

[43] Altay E. Cross-autocorrelation Between Small and Large Cap portfolio in the German and Turkish Stock Markets [J]. Journal of Financial Managent and Analysis, 2004 (17): 77 -92.

[44] Amihud, Y. and H. Mendelson. Asset Pricing and the Bid-ask Spread [J]. Journal of Financial Economics, 1986 (17): 223 -250.

[45] Trading Mechanisms and Stock Returns an Empirical Investigation [J]. Journal of Finance, 1987 (42): 533 -553.

[46] Anderson, D. , Clarkson, P. and Moran, S. the Association

Between Information, Liquidity and Two Stock Market Anomalies: The Size Effect and Seasonalities In Equity Returns [J]. Accounting Research Journal, 1997 (10): 6 - 19.

[47] Atiase, R. K. Predisclosure Informational Asymmetries, Firm Capitalization, Earnings Reports and Security Price Behavior [A]. 1980 Unpublished Ph. D. Thesis (University of California, Berkeley, CA).

[48] Atchison, M. , K. Butler and R. Simonds. Nonsynchronous Security Trading and Market Index Autocorrelation [J]. Journal of Finance, 1987 (42): 533 - 553.

[49] Badrinath, S. G. , Kale, J. R. and Noe, T. H. Of Shepherds, Sheep, and the Cross-autocorrelations in Equity Returns [J]. Review of Financial Studies, 1995 (8): 401 - 430.

[50] Banz, Rolf. The Relationship Between Return and Market Value of Common Stocks [J]. Journal of Financial Economics, 1981 (9): 3 - 18.

[51] Barclay, Michael J. , Robert H. Litzenberger, and Jerold B. Warner, Private Information. Trading volume, and Stock Return Variances [J]. Review of Financial Studies, 1990 (3): 233 - 253.

[52] Barron, M. J. , A. D. Clare and S. H. Thomas. The Effect of Bond Rating Changes and New Ratings on UK Stock Returns [J]. Journal of Business Finance and Accounting, 1997 (24): 497 - 509.

[53] Berglund, T. and E. Liljeblom. Market Serial Correlation on a Small Security Market: A Note [J]. Journal of Finance, 1988 (43): 1265 - 1274.

[54] Bessembinder, Hendrik and Michael G. Hertzel. Return Autocorrelations Around Non-trading Days [J]. Review of Financial Studies, 1993 (6): 155 - 190.

[55] Benjamin C. Ayers, Robet N. Freeman Why Do Large Firms' Prices Anticipate Earnings Earlier Than Small Firms' Prices? [J]. Contemporary Accounting Research, 1999 (2): 192 -215.

[56] Blume, M. and R. Stambaugh. Biases in Computed Returns: An Application to the Size Effect [J]. Journal of Financial Economics, 1983 (12): 387 -404.

[57] Bollerslev, T. Generalized Autoregressive Conditional Hetcroskedasticity [J]. Journal of Econometrics, 1986 (31): 307 -327.

[58] Boudoukh, Jacob, Matthew P. Richardson and Robert F. Whitelaw. A Tale of Three Schools: Insights on Autocorrelations of Short-horizon Stock Returns [J]. Review of Financial Studies, 1994 (7): 539 -573.

[59] Brennan, M. J., Jegadeesh N. and Swaminathan, B. Investment Analysis and the Adjustment of Stock Prices to Common Information [J]. Review of Financial Studies, 1993 (6): 799 -824.

[60] Brennan, Michael J., Tarun Chordia and Avanidhar Subrahmanyam. Alternative Factor Specifications, Security Characteristics, and the Cross-section of Expected Stock Returns [J]. Journal of Financial Economics, 1998 (49): 345 -374.

[61] Brock, W., J. Lakonishok and B. LeBaron. Simple Technical Trading Rules and the Stochastic Properties of Stock Returns [J]. Journal of Finance, 1992 (47): 1731 -1764.

[62] Campbell, John Y., Sanford J. Grossman and Jiang Wang. Trading Volume and Serial Correlation in Stock Returns [J]. Quarterly Journal of Economics, 1993 (107): 907 -939.

[63] Cambon M. I., Vaduva M. A. Lead-lag Patterns in the Spanish and Other European Equity Markets [J]. Spanish Review of Financial Economics, 2017, 23 (3): 365 -376.

[64] Campbell, John J., Andrew W. Lo and A. Craig MacKinlay. The Econometrics of Financial Markets [M]. Princeton University Press, Princeton, New Jersey, 1997.

[65] Chan, Kalok. Imperfect Information and Cross – Autocorrelation Among Stock Prices [J]. Journal of Finance, 1993 (48): 1211 – 1230.

[66] Chan, K. C., Nai-fu Chen and David A. Hsieh. An Exploratory Investigation of the Firm Size Effect [J]. Journal of Financial Economics, 1985 (14): 451 – 471.

[67] Chang, E., McQueen, G. and Pinegar, P. Cross-autocorrelation in Asian Stock Markets [J]. Pacific – Basin Finance Journal, 1999 (7): 471 – 493.

[68] Chang, E. C., J. M. Pinegar and R. Ravichandran. U. S. day-of-the-week Effects and Asymmetric Responses to Macroeconomic News, Marriott School of Management, Brigham Young University, Working Paper, 1994.

[69] Chen, J., Hong, H. and Stein, J. C. Breadth of Ownership and Stock Returns [J]. Journal of Financial Economics, 2002 (66): 171 – 205.

[70] Chordia, T., Swaminathan, B. Trading Volume and Cross-autocorrelations in Stock Returns [J]. Journal of Finance, 2000 (55): 913 – 935.

[71] Chordia, T., R. Roll and A. Subrahmanyam. Market liquidity and Trading Activity [J]. Journal of Finance, 2001 (56): 501 – 530.

[72] Chui, Andy C. W. and Chuck C. Y. Kwok. Cross – Autocorrelation Between A Shares and B Shares in the Chinese Stock Market [J]. Journal of Financial Research, 1998 (21): 333 – 354.

[73] Chan, K., N. Chen and D. Hsieh. An Exploratory Investigation of Firm Size Effect [J]. Journal of Financial Economics, 1985 (14): 451 -472.

[74] Chopra, N., Lakonishok, J. and Ritter, J. R. Measuring Abnormal Performance: Do Stocks Overreact? [J]. Journal of Financial Economics, 1992 (31): 235 -268.

[75] Cohen, K., S. Maier, R. Schwartz and D. Whitcimb, the Returns Generation Process, Returns Variance, and the Effect of Thinness in Securities Market [J]. Journal of Finance, 1978 (33): 149 - 167.

[76] On the Existence of Serial Correlation in an Efficient Securities Market TIMS Studies in the Management Sciences, 1979 (11): 151 - 168.

[77] Transaction Costs, Order Placement Strategy and Existence of the Bid-ask Spread [J]. Journal of Political Economy, 1981 (89): 287 -305.

[78] Cohen, K. et al. The Microstructure of Security Markets [M]. Prentice - Hall, Englewood Cliffs, NJ, 1986.

[79] Cohen L., Frazzini A. Economic Links and Predictable Returns [J]. Journal of Finance, 2008, 63 (4): 1977 -2011.

[80] Foerster, Stephen R. and Donald B. Keim. Forthcoming, Direct Evidence of Non-trading of NYSE and AMEX stocks; in W. Ziemba and D. B. Keim, Eds: Security Market Imperfections in Worldwide Equity Markets [M]. Cambridge University Press, New York.

[81] Demiguel V., Nogales F. J., Uppal R. Stock Return Serial Dependence and Out-of-sample Portfolio Performance [J]. Social Science Electronic Publishing, 2014, 27 (4): 1031 -1073.

[82] Drakos A. A., Diamandis P. F., Kouretas G. P. Information Diffusion and the Lead-lag Relationship Between Small and Large Size Portfolios: Evidence From an Emerging Market [J]. 2015, 7 (11): 25 – 38.

[83] Friction in the Trading Process and the Estimation of Systematic Risk, Working Paper, 1979a.

[84] Estimating and Adjusting for the Delayed Price – Adjustment Bias in Beta, Working Paper, 1979b.

[85] The Returns Generation Process, Returns Variance and The Effect of Thinness in Securities Markets [J]. Journal of Ftnance, 1978, 83 (3): 149 – 167.

[86] Limit Orders, Market Structure and the Returns Generation Process [J]. Journal of Finance, 1978, 33 (6): 723 – 738.

[87] Conrad, J., Hameed, A. and Niden, C. Volume and autocovariances in Short-horizon Individual Security Returns [J]. Journal of Finance, 1994 (49): 1305 – 1329.

[88] Conrad, J., M. Gultekin and G. Kaul. Asymmetric Predictability of Conditional Variances [J]. Review of Financial Studies, 1991 (4): 597 – 622.

[89] Conrad, J., M. Gultekin and G. Kaul. Profitability of Short – Term Contrarian Profit Strategies: Implications for Market Efficiency, Working Paper, University of Michigan and University of North Carolina, 1992 (3).

[90] Conrad, J. and G. Kaul. Time Varying Expected Returns [J]. Journal of Business, 1988 (61): 409 – 425.

[91] Conrad, J. and G. Kaul. Mean Reversion in Short – Horizon Expected Returns [J]. Review of Financial Studies, 1989 (2): 225 –

240.

[92] Conrad, J., G. Kaul and M. Nimalendran. Components of Short – Horizon Individual Security Return [J]. Journal of Financial Economics, 1991 (29): 365 –384.

[93] Cooper, M., Gutierrez, R. and Hameed, A. Market States and Momentum [J]. Journal of Finance, 2004 (59): 1345 –1365.

[94] Copeland, T. A Model of Asset Trading Under the Assumption of Sequential Information Arrival [J]. Journal of Finance, 1976, 31 (9): 1149 –1168.

[95] Datar, Vinay, Narayan Naik and Robert Radcliffe. Liquidity and Asset Returns: An Alternative Test [J]. Journal of Financial Markets, 1998 (1): 203 –220.

[96] Demsetz, H. The Cost of Transacting Quarterly [J]. Journal of Economics, 1968 (82): 33 –53.

[97] Diamond, D. and Verecchia, R. Information Aggregation in A Noisy Expectations Economy [J]. Journal of Finance, 1981 (9): 221 –235.

[98] Dickey, D. A. and Fuller, W. A. Distribution of the Estimators For Autoregressive Time Series With A Unit Root [J]. Journal of the American Statistical Association, 1979 (74): 427 –431.

[99] Dimson, Elroy. Risk Measurement When Shares Are Subject to Infrequent Trading [J]. Journal of Financial Economics, 1979 (7): 197 –226.

[100] Eleswarapu, Venkat R. and Marc R. Reinganum. The Seasonal Behaviour of the Liquidity Premium in Asset Pricing [J]. Journal of Financial Economics, 1993 (34): 373 –386.

[101] Engle, R. and C. Granger Co – Integration and Error Correc-

tion Representation, Estimationand Testing [J]. Econometrica, 1987 (55): 251-267.

[102] Fama, E. F. and K. R. French The Cross-section of Expected Stock Returns [J]. Journal of Finance, 1992 (47): 427-466.

[103] Fama, E. The Behavior of Stock Market Prices [J]. Journal of Business, 1965 (30): 34-105.

[104] Fama, E. Efficient Capital Markets: A Review of Theory and Empirical Work [J]. Journal of Finance, 1970, 25 (5): 383-417.

[105] Fama, E. F. and French, K. R. Permanent and Temporary Components of Stock Prices [J]. Journal of Political Economy, 1988 (96): 246-267.

[106] Fisher, L. Some New Stock-Market Indexes [J]. Journal of Business, 1966 (39): 191-208.

[107] Freeman, R. N. The Association Between Accounting Earnings and Security Returns for Large and Small Firms [J]. Journal of Accounting and Economics, 1987 (7): 195-228.

[108] French, K. R. & Roll, R. Stock Return Variances: The Arrival of Information and the Reaction of Traders [J]. Journal of Financial Economics, 1986 (17): 5-26.

[109] Gallant, Ronald A., Peter E. Rossi and George Tauchen. Stock Prices and Volume [J]. Review of Financial Studies, 1992 (5): 199-242.

[110] Garman, M. Market Microstructure [J]. Journal of Financial Economics, 1976, 3 (6): 33-53.

[111] Geczy, C., Musto, D. and Reed, A. Stocks are special too: An Analysis of the Equity Lending Market [J]. Journal of Financial

Economic, 2002 (66): 241 -270.

[112] George, T. G. and Hwang, C. Y. Transitory Price Changes and Price-limit Rules: Evidence From Tokyo Stock Exchange [J]. Journal of Financial and Quantitative Analysis, 1995 (30): 313 -327.

[113] Gibbons, M. and W. Ferson, Tests of Asset Pricing Models with Changing Expectations and an Unobservable Market Portfolio [J]. Journal of Financial Economics, 1985 (14): 217 -236.

[114] Goldman, M. and H. Sosin, Information Dissemination, Market Efficiency and the Frequency of Transactions [J]. Journal of Financial Economics, 1979, 7 (3): 29 -61.

[115] Goldman, M. and A. Beja. Market Prices vs. Equilibrium Prices: Returns Variance, Serial Correlation and the Role of the Specialist [J]. Journal of Finance, 1979, 34 (6): 595 -607.

[116] Gourieroux, Christian B., Alberto Holly and Alain Monfort. Likelihood Ratio Test, Wald Test and Kuhn - Tucker Test in Linear Models With Inequality Constraints on the Regression Parameters [J]. Econometrica, 1982 (50): 63 -80.

[117] Griffin, P. A., Sanvicente, A. Z. Common Stock Returns and Rating Changes: A Methodological Comparison [J]. Journal of Finance, 1982 (37): 103 -119.

[118] Griffin, John M. Nardari, Federico Stulz, Rene M. Do Investors Trade More When Stocks Have Performed Well? Evidence from 46 Countries Working Paper, 2005 (4): 292 -308.

[119] Gross, S. J. and Stiglitz. On the Impossibility of Informationally Efficient Markets [J]. The American Economic Review, 1976 (70): 393 -408.

[120] Hall, A. R. Testing for a Unit Root in Time Series With Pre-

test Data - Based Model Selection [J]. Journal of Business and Economics Statistics, 1994, 12 (4): 461 -470.

[121] Haque T. Lead-lag Effects in Australian Industry Portfolios [J]. Asia - Pacific Financial Markets, 2011, 18 (3): 267 -290.

[122] Hameed, Allaudeen. Time Varying Factors and Cross-autocorrelations in Short Horizon Stock Returns [J]. Journal of Financial Research, 1997 (20): 435 -458.

[123] Hameed, A. and Kusandi, Y Stock Return Cross-autocorrelation and Market Conditions in Japan [J]. Journal of Business, 2006 (79): 3029 -3056.

[124] Hand, J. R. M. , R. W. Holthausen and R. W. Left Wich the Effect of Bond Rating Agency Announcements on Bond and Stock Prices [J]. Journal of Finance, 1992 (47): 733 -752.

[125] Hansen, L. P. and R. J. Hodrick. Forward Exchange Rates as Optimal Predictors of Future Spot Rates: An Econometric Analysis [J]. Journal of Political Economy, 1980 (88): 829 -853.

[126] Harris, L. The October 1987 Crash S&P 500 Stock - Futures Basis [J]. Journal of Finance, 1989 (44): 77 -99.

[127] Hasbrouck, J. The Summary Informativeness of Stock Trades: An Econometric Analysis [J]. Review of Financial Studies, 1991 (4): 571 -595.

[128] Hawawini, G. Intertemporal Cross Dependence in Securities Daily Returns and the Short - Term Intervailing Effect on Systematic Risk [J]. Journal of Financial and Quantitative Analysis, 1980 (15): 139 - 149.

[129] On the Time Behavior of Financial Parameters: An Investigation of the Intervaling Effect, Ph. D. Dissertation, New York University,

1977.

[130] A Note on Temporal Aggregation and Serial Correlation, Economic Letters, 1978 (1): 237 -242.

[131] Hawawini, G. and A. Vora, Evidence of Intertemporal Systematic Risks in the Daily Price Movements of NYSE and AMEX Common Stocks [J]. Journal of Financial and Quantitative Analysis, 1980, 14 (6): 214 -231.

[132] Ho, T. and H. Stoll, Optimal Dealer Pricing Under Transactions and Return Uncertainty, Working Paper, 1979.

[133] Holden, C. W. and Subrahmanyam, A. Long-lived Private Information and Imperfect Competition [J]. Journal of Finance, 1992 (47): 247 -270.

[134] Hong, H., Lim, T. and Stein, J. C. Bad News Travels Slowly: Size, Analyst Coverage, and the Profitability of Momentum Strategies [J]. Journal of Finance, 2000 (55): 265 -295.

[135] Hou K. Industry Information Diffusion and the Lead-lag Effect in Stock Returns [D]. The University of Chicago, 2002: 23 -28.

[136] Hou K. Industry Information Diffusion and the Lead-lag Effect in Stock Returns [J]. Rev. Financ. Stud, 2007, 20 (4): 1113 -1138.

[137] Hong H., Torous W., Valkanov R. Do Industries Lead Stock markets? [J]. Journal of Financial Economics, 2007, 83 (2): 367 -396.

[138] Jain, Prem C. and Gun - Ho Joh. The Dependence Between Hourly Prices and Trading Volume [J]. Journal of Financial and Quantitative Analysis, 1988 (23): 269 -283.

[139] Jegadeesh, N. Evidence of Predictable Behavior of Security

Returns [J]. Journal of Finance, 1990 (45): 881 -898.

[140] Jegadeesh, N. and S. Titman. Overreaction, Delayed Reaction and Contrarian Profits [J]. Review of Financial Studies, 1995 (8): 973 -993.

[141] Jing Chen. Information Theory and Market Behavior [A]. FMA Conference Paper, 2005.

[142] Jonathan M. Karpoff The Relation Between Price Changes and Trading Volume: A Survey [J]. Journal of Financial and Quantitative Analysis, 1987 (3): 109 -126.

[143] Jones, C. M. and Lamont, O. A. Short-sale Constraints and Stock Returns [J]. Journal of Financial Economics, 2002 (66): 207 - 239.

[144] Johansen, S. Statistical Analysis of Co-Integration Vectors [J]. Journal of Economic Dynamics and Control, 1988 (12): 231 - 54.

[145] The Role of the Constant and Linear Terms in Co - Integration Analysis of Nonstationary Variables [J]. Econometric Reviews, 1994 (13): 205 -229.

[146] Johansen, S. and K. Juselius. Maximum Likelihood Estimation and Inference on Co - Integration With Applications to the Demand for Money. Oxford Bulletin of Economics and Statistics, 1990, 52 (2): 169 -210.

[147] Kalman J. Cohen, Gabriel A. Hawawini Implications of Microstructure Theory for Empirical Research on Stock Price Behavior [J]. The Journal of Finance, 1980 (5): 249 -256.

[148] Kanas, Angelos and Georgios P. Kouretas A Cointegration Approach to the Lead-lag Effect Among Size - Sorted Equity Portfolios,

Working Paper, 2000 (5).

[149] Karpoff, J. M. Costly Short Sales and the Correlation of Returns with Volume. Working Paper, University of WA, 1985.

[150] Karpoff, J. The Relation Between Price Change and Trading Volume [J]. Journal of Financial and Quantitative Analysis, 1987, 22 (2): 109 - 126.

[151] Keim, D. Trading Patterns, Bid - Ask Spreads, and Estimated Security Returns: The Case of Common Stocks at Calendar Turning Points [J]. Journal of Financial Economics, 1989 (25): 75 - 98.

[152] Kim, K. L. and Rhee, S. G. Price Limit Performance: Evidence from the Tokyo Stock Exchange [J]. Journal of Finance, 1997 (52): 885 - 901.

[153] Lehmann, B. and Modest, D. Trading and liquidity on the Tokyo Stock Exchange: A Bird's Eye View [J]. Journal of Finance, 1994 (49): 951 - 984.

[154] Lehmann, B. Fads, Martingales and Market Efficiency [J]. Quarterly Journal of Economics, 1990 (105): 1 - 28.

[155] Li, Yuming, Joseph F. Greco and Betty Chavis Lead-lag Relations Between A Shares and H Shares in the Chinese Stock Markets, Working Paper, 2002 (7).

[156] Liu, Pu, Fazal J. Seyyed and Stanley D. Smith. The Independent Impact of Credit Rating Changes - The Case of Moody's Rating Refinement on Yield Premiums [J]. Journal of Business Finance and Accounting, 1999 (26): 337 - 363.

[157] Lo, A. and C. MacKinlay. Stock Market Prices Do Not Follow Random Walks: Evidence from A Simple Specification Test [J]. Review of Financial Studies, 1988 (1): 41 - 66.

[158] Lo, A. and Mackinlay, A. C. When are Contrarian Profits Due to Stock Market Overreaction? [J]. Review of Financial Studies, 1990a (3): 175 -205.

[159] Lo, A. and C. MacKinlay. An Econometric Analysis of Non-synchronous Trading [J]. Journal of Econometrics, 1990b (45): 181 -211.

[160] Lo, A. and C. MacKinlay. Maximizing Predictability in the Stock and Bond Markets, Working Paper, MIT, 1992 (6).

[161] MacKinlay, C. and K. Ramaswamy. Index - Futures Arbitrage and the Behavior of Stock Index Futures Prices [J]. Review of Financial Studies, 1988 (1): 137 -158.

[162] Marshall, Pablo and Eduardo Walker. Asymmetric Reaction to Information and Serial Dependence of Short-run Returns [J]. Journalof Applied Economics, 2002 (5): 273 -292.

[163] Matolcsy, Z. P. and T. Lianto The Incremental Information Content of Bond Rating Revisions: The Australian Evidence [J]. Journal of Banking and Finance, 1995 (19): 891 -902.

[164] McQueen, G., Pinegar, M. and Thornley, S. Delayed Reaction to Good News and the Cross-autocorrelation of Portfolio Returns [J]. Journal of Finance, 1996 (51): 889 -918.

[165] Mclnish, T. and R. Wood. Autocorrelation of Daily Index Returns: Intraday-to - Intradayversus Close-to - Close Intervals [J]. Journal of Bankingand Finance, 1991 (15): 193 -206.

[166] Mech, T. The Economics of Lagged Price Adjustment. Working Paper, Boston College, 1990 (1): 201 -239.

[167] Mech, T. Portfolio Return Autocorrelation [J]. Journal of Financial Economics, 1993 (34): 307 -344.

[168] Mech. Timothy S. The Economics of Lagged Price Adjustment. Working Paper (Boston College, Boston. MA), 1990.

[169] Menzly L., Ozbas O. et al. Market Segmentation and cross-predictability of Returns [J]. The Journal of Finance, 2010, 65 (4): 1555 -1580.

[170] Moran P. A. P. Some Theorems on Time Series [J]. Biometrika, 1948 (35): 255 -260.

[171] Muthuswamy, J. Asynchronous Closing Prices and Spurious Correlation in Portfolio Returns, Working Paper, University of Chicago, 1988 (8).

[172] Nabeel E. Al - Loughani The Relationship Between Large Stock and Small Stock Returns in Kuwait [A]. A Paper Presented at the Seventh Annual Conference of the Economic Research Forum for the Arab Countries October, 2000.

[173] Nelson. Charles R. and G. William Schwert. Short-term Interest Rates as Predictors of Inflation: On Testing the Hypothesis that the Real Rate of Interest is Constant [J]. American Economic Review, 1977, 67 (11): 665 -678.

[174] Oldfield G., R. Rogalski and R. Jarrow. An Autoregressive Jump Process for Common Stock Returns [J]. Journal of Financial Economics, 1977, 5 (12): 389 -418.

[175] Perry, P. Portfolio Serial Correlation and Nonsynchronous Trading [J]. Journal of Financial and Quantitative Analysis, 1985 (20): 517 -523.

[176] Phillips, P. C. B. Time Series Regression With A Unit root [J]. Econometrica, 1987 (55): 277 -301.

[177] Poterba, J. M. and Summers, L. H. Mean Reversion in

Stock prices: Evidence and Implications [J]. Journal of Financial Economics, 1988 (22): 27 -59.

[178] Pogue, G. and B. Solnik. The Market Model Applied to European Common Stocks: Some Empirical Results [J]. Journal of Flnanczal and Quantitative Analysis, 1974, 9 (12): 35 -62.

[179] Rehman A. U. , Shah A. Lead-lag Relationship and Directional Asymmetry in Stock Returns of Small and Large Portfolios: Evidence from the Karachi Stock Exchange [J]. Business review, 2017, 25 (5): 353 -367.

[180] Richardson, M. and T. Smith. Tests of Financial Models in the Presence of Overlapping Observations [J]. Review of Financial Studies, 1991 (4): 227 -254.

[181] Richardson, G. and S. E. Sefcik and R. Thompson. A Test of Dividend Irrelevance Using Volume Reaction to a Change in Dividend Policy [J]. Journal of Financial Economics, 1986, 17 (2): 313 -333.

[182] Rowland Kwame Atiase Predisclosure information, Firm Capitalization, and Security Price Behavior Around Earnings Announcements [J]. Journal of Accounting Research, 1985 (23): 22 -36.

[183] Richardson and D. R. Peterson. Causes of Cross Autocorrelation in Security Returns: Transaction Costs Versus Information Quality [J]. Journal of Economics and Finance, 1997 (10): 29 -39.

[184] Robert H. Jennings and Christopher B. Barry Information Dissemination and Portfolio Choice [J]. Journal of Financial and Quantitative Analysis, 1983 (1): 1 -19.

[185] On Information Dissemination and Equilibrium Asset Prices: A note [J]. Journal of Financial Quantitative Analysis, 1984 (12): 395 -402.

[186] Roll, R. An Analytic Valuation Formula for Unprotected American Call Options on Stocks With Known Dividends [J]. Journal of Financial Economics, 1977 (5): 251 -258.

[187] On Computing Mean Returns and the Small Firm Premium [J]. Journal of Financial Economics, 1983 (12): 371 -386.

[188] A Simple Implicit Measure of the Effective Bid-ask Spread in an Efficient Market [J]. Journal of Finance, 1984 (39): 1127 - 1139.

[189] A Simple Implicit Measure of the Effective Bid-ask Spread in An Efficient Market [J]. Journal of Finance, 1984 (39): 1127 - 1140.

[190] On the Cross Sectional Relation Between Expected Returns and Betas [J]. Journal of Finance, 1994 (49): 101 -122.

[191] Rowland Kwame, Atiase. Market Implications of Predisclosure Information: Size and Exchange Effects [J]. Journal of Accounting Research, 1987 (4): 168 -176.

[192] Rowland Kwame Atiase. Accounting Disclosure Based on Company Size: Regulations and Capital Markets Evidence [J]. Accounting Horizins, 1988 (3): 18 -26.

[193] Statman, Thorley and Vorkink. Investor Overconfidence and Trading Volume Working Paper, 2003 (3).

[194] Scholes, M. and J. Williams. Estimating Betas from Nonsynchronous Data [J]. Journal of Financial Economics, 1977 (12): 309 -327.

[195] Schwartz, R. and D. Whitcomb. Can Betas Be Estimated from Daily Data? Presented at the Proceedings of the Seminar on the Analysis of Security Prices, 1974 (5) 19, Center for Research in Security

Prices, University of Chicago.

[196] Comment: Assessing the Impact of Stock Exchange Specialists on Stock Volatility [J]. Journal of Financial and Quantitative Analysis, 1976 (12) 12: 14 - 30.

[197] The Time - Variance Relationship: Evidence on Autocorrelation in Common Stock Returns [J]. Journal of Finance, 1977 (3) 32: 41 - 65.

[198] Evidence on the Presence and Causes of Serial Correlation in Market Model Residuals [J]. Journal of Financial and Quantitative Analysis, 1977, 11 (6): 27 - 42.

[199] Smidt, S. Continuous vs. Intermittent Trading on Auction Markets, Working Paper, 1979.

[200] Smith, K. The Effect of Intervaling on Estimating Parameters of the Capital Asset Pricing Model [J]. Journal of Financial and Quantitative Analysis, 1978, 13 (5): 313 - 344.

[201] Stickel, S. E. The Effect of Value Line Investment Survey Rank Changes on Common Stock Prices [J]. Journal of Financial Economics, 1985 (14): 121 - 143.

[202] Scholes, M. and J. Williams. Estimating Betas from Nonsynchronous Data [J]. Journal of Financial Economics, 1977 (5): 309 - 327.

[203] Teppo Martikainen, Jukka Perttunen and Vesa Puttonen. The Lead-lag Effect Between Large and Small Firms: Evidence from Finland [J]. Journal of Business Finance & Accounting, 1995 (22): 449 - 454.